CONVERSATIONS

ANGLAIS

DIALOGUES

CONVERSATIONS

ANGLAIS

DIALOGUES

LINGO FACILE

Prologue

Bienvenue dans "Conversations Anglais Dialogues", un voyage d'apprentissage linguistique unique qui vous invite dans le monde quotidien du dialogue. Ce livre est conçu pour améliorer votre maîtrise de l'anglais à travers une collection de conversations authentiques et facilement applicables.

À l'intérieur de ces pages, vous trouverez 80 dialogues couvrant une multitude de scénarios de la vie quotidienne. Que ce soit une discussion décontractée au café, une conversation à la plage ou un échange sur les mystères de l'univers, chaque dialogue est conçu pour vous immerger dans un langage reflétant les situations diverses rencontrées dans la vie quotidienne.

Les dialogues sont présentés en anglais et en français, offrant ainsi une expérience d'apprentissage complète. L'objectif est non seulement d'améliorer vos compétences linguistiques, mais aussi de fournir des insights culturels et de favoriser une appréciation plus profonde des subtilités de la communication.

Embarquez dans ce voyage linguistique, où chaque dialogue sert de fenêtre sur la langue, la culture et les expériences partagées des locuteurs anglais et français. En naviguant à travers ces conversations, vous découvrirez la beauté de l'apprentissage des langues et la joie de se connecter avec les autres à travers les mots.

1 "Une Soirée au Cinéma"

Contexte : Camille et Julien se retrouvent au cinéma pour une soirée détente. Ils discutent de leurs choix de films et partagent quelques moments de complicité.

Dialogues :

Camille : Salut Julien ! Content de te voir. Qu'est-ce que tu as choisi comme film ce soir ?

Julien : Salut Camille ! J'ai opté pour ce drame qui vient de sortir. On m'en a dit beaucoup de bien. Et toi, quelle est ta sélection ?

Camille : J'hésitais entre une comédie et un film d'aventure. Mais finalement, j'ai choisi la comédie. J'ai besoin de rire un peu.

Julien : Bon choix, Camille ! On en a tous besoin de temps en temps. Oh regarde, les bandes-annonces vont commencer !

Camille : Super, j'adore les bandes-annonces. Elles donnent un avant-goût du film. Oh, celui- ci a l'air vraiment intrigant.

Julien : Oui, on devrait le noter pour le regarder plus tard. Tu veux quelque chose à grignoter ?

Camille : Bien sûr ! Pop-corn au beurre et une grande boisson pour moi. Et toi ?

Julien : Pop-corn salé, sans hésitation. Allons prendre nos places, le film va bientôt commencer.

Camille : D'accord, suivons la lumière des étoiles. J'espère que ce film est à la hauteur des attentes.

Julien : Je suis sûr qu'on ne sera pas déçus. Passons une bonne soirée !

"An Evening at the Cinema"

Context: Camille and Julien meet at the cinema for a relaxing evening. They discuss their movie choices and share some moments of camaraderie.

Dialogues:

Camille: Hi Julien! Good to see you. What movie did you choose for tonight?

Julien: Hi Camille! I went for this recently released drama. I've heard a lot of good things about it. And you, what's your pick?

Camille: I was torn between a comedy and an adventure film. But in the end, I chose the comedy. I need a good laugh.

Julien: Good choice, Camille! We all need that from time to time. Oh look, the trailers are about to start!

Camille: Great, I love trailers. They give a sneak peek of the film. Oh, this one looks really intriguing.

Julien: Yes, we should note it down to watch later. Do you want something to snack on?

Camille: Of course! Buttered popcorn and a large drink for me. And you?

Julien: Salted popcorn, no doubt. Let's go grab our seats; the movie will start soon.

Camille: Alright, let's follow the starlight. I hope this movie lives up to expectations.

Julien: I'm sure we won't be disappointed. Let's have a great evening!

2 "Une Journée à la Plage »

Contexte : Marie et Thomas profitent d'une journée ensoleillée à la plage. Ils discutent de leurs activités préférées et partagent des moments de détente.

Dialogues :

Marie : Salut Thomas ! Quel temps magnifique aujourd'hui, n'est-ce pas ? J'avais vraiment besoin d'une journée à la plage.

Thomas : Salut Marie ! Absolument, le soleil, le sable et la mer, rien de mieux. Qu'est-ce que tu as prévu de faire ?

Marie : J'ai apporté un livre que je voulais lire depuis longtemps. Je pense que c'est l'endroit idéal pour le commencer. Et toi ?

Thomas : J'ai amené mon équipement de plongée. J'ai entendu dire qu'il y a de beaux récifs coralliens ici. J'espère voir des poissons colorés.

Marie : Ça a l'air génial ! Peut-être que je me joindrai à toi plus tard. Oh, regarde, il y a une glace italienne là-bas. Ça te tente ?

Thomas : Excellente idée ! Une glace à la fraise serait parfaite. Parlons un peu avant de plonger dans l'eau.

Marie : D'accord, en parlant d'eau, as-tu remarqué à quel point elle est claire aujourd'hui ? On dirait une piscine géante.

Thomas : C'est vrai, on peut voir le fond. C'est un endroit parfait pour nager. On devrait se baigner après la glace.

Marie : Absolument, et peut-être faire une promenade sur la plage par la suite. Les journées à la plage sont les meilleures.

Thomas : Je suis totalement d'accord. Rien de mieux que de se détendre au son des vagues. Passons une super journée !

"A Day at the Beach"

Context: Marie and Thomas are enjoying a sunny day at the beach. They discuss their favorite activities and share moments of relaxation.

Dialogues:

Marie: Hi Thomas! What a beautiful day today, isn't it? I really needed a day at the beach.

Thomas: Hi Marie! Absolutely, the sun, the sand, and the sea, nothing better. What do you plan to do?

Marie: I brought a book I've been wanting to read for a long time. I think this is the perfect place to start it. And you?

Thomas: I brought my snorkeling gear. I heard there are beautiful coral reefs here. I hope to see colorful fish.

Marie: That sounds awesome! Maybe I'll join you later. Oh, look, there's an Italian ice cream stand over there. Fancy some?

Thomas: Excellent idea! A strawberry ice cream would be perfect. Let's chat a bit before diving into the water.

Marie: Okay, speaking of water, have you noticed how clear it is today? It looks like a giant swimming pool.

Thomas: It's true, you can see the bottom. It's a perfect place for a swim. We should take a dip after the ice cream.

Marie: Absolutely, and maybe take a stroll on the beach afterward. Beach days are the best.

Thomas: I completely agree. Nothing better than relaxing to the sound of the waves. Let's have a great day!

3 "En Route en Train"

Contexte : Pauline et Maxime se retrouvent dans le train pour un voyage. Ils discutent de divers sujets et partagent des moments de convivialité pendant le trajet.

Dialogues :

Pauline : Salut Maxime ! Quelle coïncidence de te voir ici. Où est-ce que tu vas ?

Maxime : Salut Pauline ! Je vais rendre visite à ma famille pour le week-end. Et toi ?

Pauline : Je rentre chez moi aussi. Ce trajet en train est plutôt pratique. Tu as quelque chose de prévu pour le voyage ?

Maxime : J'ai emporté un livre que je voulais lire. Et peut-être écouter un podcast en chemin. Et toi ?

Pauline : J'ai quelques dossiers de travail à terminer, mais je pense prendre une pause pour profiter du paysage. Oh, regarde, il y a un vendeur de snacks là-bas. Tu veux quelque chose ?

Maxime : Pourquoi pas ! Un café serait génial. On peut continuer notre conversation dans le wagon café.

Pauline : D'accord, allons-y. Au fait, as-tu déjà voyagé en train à l'étranger ?

Maxime : Oui, j'ai pris le train en Europe. C'était une expérience intéressante. Et toi ?

Pauline : Non, c'est ma première fois. J'espère que ça sera agréable. Dis-moi, tu as des recommandations pour le voyage ?

Maxime : Assieds-toi du côté avec la meilleure vue, c'est mon conseil. Et n'oublie pas de prendre quelques photos. Le temps passe vite.

Pauline : Merci pour le conseil, Maxime. J'ai hâte de voir le paysage défiler. On pourrait même jouer à un jeu de société pendant le trajet.

Maxime : Excellente idée ! Ça va rendre le voyage encore plus divertissant.

"On the Train Journey"

Context: Pauline and Maxime find themselves on the train for a journey. They discuss various topics and share moments of camaraderie during the trip.

Dialogues:

Pauline: Hi Maxime! What a coincidence to see you here. Where are you headed?

Maxime: Hi Pauline! I'm visiting my family for the weekend. How about you?

Pauline: I'm heading home too. This train journey is quite convenient. Do you have anything planned for the trip?

Maxime: I brought a book I've been wanting to read. And maybe listen to a podcast on the way. How about you?

Pauline: I have some work files to finish, but I'm thinking of taking a break to enjoy the scenery. Oh, look, there's a snack vendor over there. Do you want something?

Maxime: Why not! A coffee would be great. We can continue our conversation in the café car.

Pauline: Okay, let's go. By the way, have you ever traveled by train abroad?

Maxime: Yes, I've taken the train in Europe. It was an interesting experience. How about you?

Pauline: No, it's my first time. I hope it will be enjoyable. Tell me, do you have any recommendations for the journey?

Maxime: Sit on the side with the best view, that's my advice. And don't forget to take a few photos. Time flies.

Pauline: Thanks for the advice, Maxime. I'm looking forward to seeing the landscape unfold. We could even play a board game during the trip.

Maxime: Excellent idea! That will make the journey even more entertaining.

4 "Une Conversation Astronomique"

Contexte : Sophie et Antoine se retrouvent pour une soirée détente et décident de discuter de leur fascination commune pour l'astronomie. Ils partagent leurs connaissances et échangent des idées sur l'univers.

Dialogues :

Sophie : Salut Antoine ! J'ai récemment regardé un documentaire sur l'espace, c'était fascinant. Tu t'intéresses à l'astronomie, non ?

Antoine : Salut Sophie ! Absolument, l'astronomie m'a toujours captivé. Quel documentaire as-tu regardé ?

Sophie : C'était sur les trous noirs et la façon dont ils déforment l'espace-temps. C'était à la fois passionnant et déconcertant.

Antoine : Les trous noirs sont vraiment fascinants. Savais-tu qu'il existe des théories sur les trous de ver, des sortes de raccourcis cosmiques ?

Sophie : Vraiment ? C'est incroyable ! J'aimerais en savoir plus. Et toi, as-tu une constellation préférée ?

Antoine : J'adore Orion. C'est tellement reconnaissable dans le ciel nocturne. Et toi ?

Sophie : La Voie lactée me fascine. Imaginer notre galaxie en spirale avec des milliards d'étoiles, c'est à la fois impressionnant et mystérieux.

Antoine : Absolument. Les distances dans l'univers sont si vastes. Ça me donne une perspective différente sur la vie.

Sophie : Tout à fait. Penses-tu que nous découvrirons un jour une forme de vie extraterrestre ?

Antoine : C'est une possibilité intrigante. Les exoplanètes découvertes récemment augmentent les chances. Qui sait ce que l'avenir nous réserve ?

Sophie : C'est excitant d'y penser. L'astronomie nous ouvre vraiment à l'infini.

Antoine : Absolument, Sophie. Il y a tellement à explorer dans l'univers. Nos connaissances ne font que commencer.

"An Astronomical Conversation"

Context: Sophie and Antoine meet for a relaxed evening and decide to discuss their shared fascination with astronomy. They share their knowledge and exchange ideas about the universe.

Dialogues:

Sophie: Hi Antoine! I recently watched a documentary about space, and it was fascinating. You're interested in astronomy, aren't you?

Antoine: Hi Sophie! Absolutely, astronomy has always captivated me. Which documentary did you watch?

Sophie: It was about black holes and how they warp spacetime. It was both thrilling and mind-boggling.

Antoine: Black holes are truly fascinating. Did you know there are theories about wormholes, kind of cosmic shortcuts?

Sophie: Really? That's incredible! I'd love to learn more. And you, do you have a favorite constellation?

Antoine: I love Orion. It's so recognizable in the night sky. And you?

Sophie: The Milky Way fascinates me. Imagining our spiral galaxy with billions of stars is both awe-inspiring and mysterious.

Antoine: Absolutely. Distances in the universe are so vast. It gives me a different perspective on life.

Sophie: Totally. Do you think we'll ever discover some form of extraterrestrial life?

Antoine: It's an intriguing possibility. The recently discovered exoplanets increase the odds. Who knows what the future holds?

Sophie: It's exciting to think about. Astronomy truly opens us up to the infinite.

Antoine: Absolutely, Sophie. There's so much to explore in the universe. Our knowledge is just beginning.

5 "Une Soirée au Restaurant"

Contexte : Léa et Marc se retrouvent pour dîner dans un restaurant confortable. Ils discutent du menu, partagent des recommandations culinaires, et échangent sur leur journée.

Dialogues :

Léa : Salut Marc ! Ça fait longtemps. Comment ça va ?

Marc : Salut Léa ! Ça va bien, merci. Content de te voir. Quel restaurant as-tu choisi ?

Léa : J'ai entendu parler de ce nouveau restaurant italien. Les critiques sont bonnes. Tu aimes la cuisine italienne, non ?

Marc : Absolument ! C'est une excellente idée. J'adore les pâtes. Qu'est-ce que tu recommandes ici ?

Léa : Les pâtes à la carbonara sont délicieuses, et j'ai entendu dire que la pizza Margherita est incontournable. Et toi ?

Marc : Je pense opter pour la lasagne. J'ai toujours aimé la façon dont ils la préparent ici. Ah, voilà la serveuse.

Serveuse : Bonsoir ! Avez-vous fait votre choix pour les entrées ?

Léa : Oui, nous prendrons les bruschettas en entrée, s'il vous plaît.

Serveuse : Très bien. Et pour les plats principaux ?

Marc : Je vais prendre la lasagne, et Léa a recommandé les pâtes à la carbonara.

Léa : Et en dessert, une tarte au citron, ça te va ?

Marc : Parfait. Merci !

"An Evening at the Restaurant"

Context: Léa and Marc meet for dinner at a cozy restaurant. They discuss the menu, share culinary recommendations, and talk about their day.

Dialogues:

Léa: Hi Marc! It's been a while. How are you?

Marc: Hi Léa! I'm doing well, thanks. Glad to see you. What restaurant did you choose?

Léa: I heard about this new Italian restaurant. The reviews are good. You like Italian cuisine, don't you?

Marc: Absolutely! That's a great idea. I love pasta. What do you recommend here?

Léa: The carbonara pasta is delicious, and I've heard the Margherita pizza is a must-try. How about you?

Marc: I think I'll go for the lasagna. I've always liked how they prepare it here. Ah, here comes the waitress.

Waitress: Good evening! Have you made your choices for starters?

Léa: Yes, we'll have the bruschettas for starters, please.

Waitress: Very well. And for the main courses?

Marc: I'll have the lasagna, and Léa recommended the carbonara pasta.

Léa: And for dessert, a lemon tart, sound good to you?

Marc: Perfect. Thank you!

6 "Courses au Supermarché"

Contexte : Pauline et Thomas se retrouvent au supermarché pour faire leurs courses hebdomadaires. Ils discutent des articles à acheter, partagent des recommandations et échangent des anecdotes amusantes.

Dialogues :

Pauline : Salut Thomas ! Comment ça va ? Tu fais tes courses aussi ?

Thomas : Salut Pauline ! Oui, je suis là pour ma liste hebdomadaire. Qu'est-ce que tu cherches ?

Pauline : Un peu de tout, mais surtout des fruits et légumes. As-tu des suggestions ?

Thomas : Les pommes sont super en ce moment, et les avocats sont bien mûrs. Et pour les légumes, les brocolis sont frais.

Pauline : Parfait, ajoutons-les à la liste. Oh, as-tu déjà essayé le yaourt grec de cette marque ? Il paraît que c'est délicieux.

Thomas : Non, je n'ai pas encore essayé. Merci pour la recommandation, je vais en prendre. Et toi, tu prends du fromage ?

Pauline : Oui, du fromage à pâte dure pour changer. Et peut-être un peu de parmesan râpé. On ne sait jamais quand on en aura besoin.

Thomas : Bonne idée. Oh, regarde, il y a une offre spéciale sur les céréales. Tu en veux ?

Pauline : Pourquoi pas ! C'est toujours bien d'avoir des céréales pour le petit déjeuner. Ah, et n'oublions pas le pain.

Thomas : Absolument. Et si on prend quelques croissants pour le week-end ? Ça te va ?

Pauline : Excellente idée ! Ça promet un bon petit déjeuner. On a presque tout, non ?

Thomas : Il me semble. Allons payer nos courses et continuons à discuter à la maison.

Pauline : D'accord, Thomas. On se retrouve à la caisse !

"Grocery Shopping"

Context: Pauline and Thomas meet at the supermarket for their weekly groceries. They discuss items to buy, share recommendations, and exchange amusing anecdotes.

Dialogues:

Pauline: Hi Thomas! How are you? Are you grocery shopping too?

Thomas: Hi Pauline! Yes, I'm here for my weekly list. What are you looking for?

Pauline: A bit of everything, but especially fruits and vegetables. Any suggestions?

Thomas: Apples are great right now, and the avocados are perfectly ripe. For vegetables, the broccoli looks fresh.

Pauline: Perfect, let's add those to the list. Oh, have you tried the Greek yogurt from this brand? It's supposed to be delicious.

Thomas: No, I haven't tried it yet. Thanks for the recommendation, I'll grab some. And how about cheese for you?

Pauline: Yes, some hard cheese for a change. And maybe a bit of grated parmesan. You never know when you'll need it.

Thomas: Good idea. Oh, look, there's a special offer on cereals. Do you want some?

Pauline: Why not! It's always good to have cereals for breakfast. Ah, and let's not forget the bread.

Thomas: Absolutely. And what if we grab some croissants for the weekend? Does that sound good?

Pauline: Excellent idea! That promises a good breakfast. We have almost everything, right?

Thomas: It seems so. Let's pay for our groceries and continue the conversation at home.

Pauline: Okay, Thomas. See you at the checkout!

7 "Une Soirée Festive"

Contexte : Camille et Hugo assistent à une fête d'anniversaire animée chez des amis. Ils discutent de la musique, des jeux et partagent des rires pendant cette soirée joyeuse.

Dialogues :

Camille : Salut Hugo ! Quelle ambiance ici, n'est-ce pas ? La musique est géniale.

Hugo : Salut Camille ! Absolument, ça met tout le monde de bonne humeur. Tu veux danser ?

Camille : Bien sûr, pourquoi pas ! C'est une fête, après tout. Oh, et regarde les jeux de société là-bas. On devrait essayer quelque chose.

Hugo : Excellente idée ! On pourrait commencer par le Pictionary. Ça promet des moments hilarants.

Camille : D'accord, allons chercher le matériel. Oh, tiens, il y a un buffet. Qu'est-ce que tu recommandes ?

Hugo : Les mini-burgers sont délicieux, et les brochettes aussi. Et il y a une fontaine de chocolat pour les fruits. Tu devrais essayer.

Camille : Ça semble délicieux ! Allons chercher quelques petites bouchées. Et en parlant de fruits, j'ai apporté des fraises enrobées de chocolat.

Hugo : Génial ! On pourra les partager plus tard. Oh, et as-tu remarqué les décorations ? Elles sont superbes.

Camille : Oui, la personne qui a organisé ça a fait un excellent travail. Ça donne une atmosphère festive. On devrait lui dire merci.

Hugo : Absolument. Et n'oublions pas de prendre une photo de groupe pour immortaliser cette soirée.

Camille : Excellente idée, Hugo. Allons passer un bon moment à la fête !

"A Festive Evening"

Context: Camille and Hugo are attending a lively birthday party at a friend's place. They discuss music, games, and share laughs during this joyful evening.

Dialogues:

Camille: Hi Hugo! What an atmosphere here, isn't it? The music is fantastic.

Hugo: Hi Camille! Absolutely, it puts everyone in a good mood. Do you want to dance?

Camille: Of course, why not! It's a party, after all. Oh, and look at the board games over there. We should try something.

Hugo: Excellent idea! We could start with Pictionary. That promises some hilarious moments.

Camille: Okay, let's go get the supplies. Oh, look, there's a buffet. What do you recommend?

Hugo: The mini-burgers are delicious, and so are the kebabs. And there's a chocolate fountain for the fruits. You should try it.

Camille: That sounds delicious! Let's grab some bites. And speaking of fruits, I brought chocolate-covered strawberries.

Hugo: Awesome! We can share them later. Oh, and have you noticed the decorations? They are beautiful.

Camille: Yes, the person who organized this did an excellent job. It creates a festive atmosphere. We should thank them.

Hugo: Absolutely. And let's not forget to take a group photo to immortalize this evening.

Camille: Excellent idea, Hugo. Let's have a great time at the party!

8 "Exploration Géographique"

Contexte : Amandine et Julien se rencontrent dans une bibliothèque et entament une conversation informelle sur la géographie. Ils partagent des anecdotes de voyage, discutent de lieux intéressants et s'inspirent mutuellement pour de futures aventures.

Dialogues :

Amandine : Salut Julien ! Comment ça va ? Je parcourais quelques livres de géographie intéressants.

Julien : Salut Amandine ! Ça va bien, merci. La géographie est fascinante, n'est-ce pas ? Qu'as-tu découvert de captivant ?

Amandine : J'ai lu sur les paysages variés de l'Amérique du Sud. Les montagnes, les forêts tropicales, c'est incroyable. Tu as déjà voyagé là-bas ?

Julien : Pas encore, mais c'est sur ma liste. J'ai eu la chance de visiter l'Europe l'année dernière. Les diversités culturelles m'ont émerveillé.

Amandine : C'est génial ! L'Europe a tant à offrir. J'ai toujours rêvé de visiter l'Islande pour ses paysages uniques. Et toi, quel est ton endroit préféré ?

Julien : Difficile de choisir, mais j'ai adoré les Alpes suisses. Les sommets enneigés et les lacs cristallins, c'était magique. Tu as un endroit de rêve ?

Amandine : J'aimerais explorer les temples anciens en Asie du Sud-Est. La combinaison de l'histoire et de la beauté naturelle me fascine.

Julien : Cela semble incroyable. On devrait planifier une aventure ensemble un jour. Peut- être une randonnée dans les Andes ?

Amandine : Excellente idée ! Ou une exploration des fjords norvégiens. La géographie nous offre tellement de possibilités.

Julien : Absolument, Amandine. On peut apprendre et s'inspirer du monde qui nous entoure.

"Geographical Exploration"

Context: Amandine and Julien meet in a library and start an informal conversation about geography. They share travel anecdotes, discuss interesting places, and inspire each other for future adventures.

Dialogues:

Amandine: Hi Julien! How are you? I was going through some interesting geography books.

Julien: Hi Amandine! I'm doing well, thank you. Geography is fascinating, isn't it? What have you discovered that's captivating?

Amandine: I read about the diverse landscapes of South America. The mountains, the tropical forests, it's incredible. Have you ever traveled there?

Julien: Not yet, but it's on my list. I was fortunate to visit Europe last year. The cultural diversities amazed me.

Amandine: That's great! Europe has so much to offer. I've always dreamt of visiting Iceland for its unique landscapes. And you, what's your favorite place?

Julien: Hard to choose, but I loved the Swiss Alps. The snow-capped peaks and crystal-clear lakes were magical. Do you have a dream destination?

Amandine: I'd love to explore ancient temples in Southeast Asia. The combination of history and natural beauty fascinates me.

Julien: That sounds incredible. We should plan an adventure together someday. Maybe a hike in the Andes?

Amandine: Excellent idea! Or an exploration of the Norwegian fjords. Geography offers us so many possibilities.

Julien: Absolutely, Amandine. We can learn and draw inspiration from the world around us.

9 "Journée à la Ferme"

Contexte : Sarah et Pierre passent une journée à la ferme de la famille de Pierre. Ils discutent des animaux, des récoltes et partagent des moments de détente au cœur de la campagne.

Dialogues :

Sarah : Salut Pierre ! C'est vraiment paisible ici. Comment se passe une journée typique à la ferme ?

Pierre : Salut Sarah ! Oui, c'est un endroit spécial. Le matin commence tôt avec la traite des vaches. Ensuite, on s'occupe des cultures.

Sarah : C'est fascinant. Et ces poules en liberté, elles sont adorables. Les œufs doivent être délicieux.

Pierre : Oh oui, les œufs frais tous les jours. On pourrait en ramasser ensemble plus tard. Et regarde, voici le potager où nous cultivons des légumes.

Sarah : Incroyable ! Les tomates ont l'air délicieuses. C'est génial de savoir d'où viennent nos aliments.

Pierre : Tout à fait. On essaie de manger autant que possible ce que l'on produit ici. Ça donne un sentiment de connexion à la nature.

Sarah : Et ces moutons au loin, ils ajoutent vraiment au charme. C'est comme une scène d'une peinture.

Pierre : Oui, on les élève pour la laine et aussi parce qu'ils font partie de l'âme de la ferme. Viens, on peut les approcher.

Sarah : J'adore ça ! Passer du temps à la ferme est une expérience unique. Merci de me montrer tout cela.

Pierre : C'est un plaisir, Sarah. La vie à la ferme a ses défis, mais c'est aussi gratifiant. Tu veux aider à traire les vaches plus tard ?

Sarah : Absolument, j'adorerais. Une journée bien remplie à la ferme !

"Day at the Farm"

Context: Sarah and Pierre spend a day at Pierre's family farm. They discuss animals, crops, and share relaxing moments in the heart of the countryside.

Dialogues:

Sarah: Hi Pierre! It's really peaceful here. How does a typical day on the farm go?

Pierre: Hi Sarah! Yes, it's a special place. The morning starts early with milking the cows. Then, we take care of the crops.

Sarah: That's fascinating. And those free-range hens, they're adorable. The eggs must be delicious.

Pierre: Oh yes, fresh eggs every day. We could gather them together later. And look, here's the vegetable garden where we grow vegetables.

Sarah: Amazing! The tomatoes look delicious. It's great to know where our food comes from.

Pierre: Exactly. We try to eat as much as possible of what we produce here. It gives a sense of connection to nature.

Sarah: And those sheep in the distance, they really add to the charm. It's like a scene from a painting.

Pierre: Yes, we raise them for wool, and also because they are part of the soul of the farm. Come, we can get closer to them.

Sarah: I love it! Spending time on the farm is a unique experience. Thank you for showing me all of this.

Pierre: It's a pleasure, Sarah. Farm life has its challenges, but it's also rewarding. Do you want to help milk the cows later?

Sarah: Absolutely, I would love to. A fulfilling day at the farm!

10 "Un Jour à l'Hôpital"

Contexte : Émilie rend visite à son ami Marc à l'hôpital après une intervention chirurgicale. Ils discutent de sa récupération, partagent des anecdotes pour remonter le moral et expriment leur gratitude envers le personnel médical.

Dialogues :

Émilie : Salut Marc ! Comment ça va aujourd'hui ? Tu sembles déjà en meilleure forme.

Marc : Salut Émilie ! Oui, chaque jour est une amélioration. L'équipe médicale est incroyable.

Émilie : C'est génial à entendre. Comment s'est passée la journée ?

Marc : Plutôt bien. Les infirmières sont attentives, et j'ai même commencé à marcher un peu. Ça fait du bien.

Émilie : Super nouvelle ! Tu sais, j'ai apporté des magazines et des jeux pour te divertir. Et regarde, j'ai aussi trouvé ce livre que tu voulais lire.

Marc : Merci Émilie, tu es trop gentille. Ces petites attentions rendent l'hospitalisation plus supportable.

Émilie : Eh bien, c'est le moins que je puisse faire. Et tu sais, j'ai parlé au médecin. Il dit que ta récupération se déroule comme prévu.

Marc : C'est un soulagement. Et je dois dire, l'équipe ici est exceptionnelle. Ils font un travail formidable.

Émilie : Absolument. Le dévouement du personnel médical est admirable. On devrait leur exprimer notre gratitude.

Marc : Tu as raison. Peut-être qu'on pourrait apporter des petits cadeaux en les remerciant. Un geste pour reconnaître leur travail.

Émilie : Excellente idée, Marc. On le fera quand tu seras de retour à la maison. En attendant, concentrons-nous sur ta guérison.

Marc : Merci, Émilie. Ta présence et ton soutien font une énorme différence.

"A Day at the Hospital"

Context: Emilie visits her friend Marc at the hospital after a surgical procedure. They discuss his recovery, share uplifting anecdotes, and express gratitude towards the medical staff.

Dialogues:

Emilie: Hi Marc! How are you today? You already seem in better shape.

Marc: Hi Emilie! Yes, every day is an improvement. The medical team is amazing.

Emilie: That's great to hear. How was your day?

Marc: Pretty good. The nurses are attentive, and I even started walking a bit. It feels good.

Emilie: Fantastic news! You know, I brought magazines and games to keep you entertained. And look, I also found that book you wanted to read.

Marc: Thank you, Emilie, you're too kind. These little gestures make the hospital stay more bearable.

Emilie: Well, it's the least I can do. And you know, I spoke to the doctor. He says your recovery is going as planned.

Marc: That's a relief. And I must say, the team here is outstanding. They're doing a fantastic job.

Emilie: Absolutely. The dedication of the medical staff is admirable. We should express our gratitude to them.

Marc: You're right. Maybe we could bring small gifts to thank them. A gesture to acknowledge their work.

Emilie: Excellent idea, Marc. We'll do it when you're back home. In the meantime, let's focus on your healing.

Marc: Thank you, Emilie. Your presence and support make a huge difference.

11 "Une Journée au Parc pour Enfants"

Contexte : Caroline et Martin emmènent leurs enfants, Léa et Thomas, au parc pour enfants. Ils discutent des jeux, partagent des moments de joie et échangent sur les petits défis de la parentalité.

Dialogues :

Caroline : Salut Martin ! Quelle belle journée pour venir au parc. Les enfants sont impatients.

Martin : Salut Caroline ! Absolument, le soleil brille. Regarde, Léa et Thomas courent déjà vers les balançoires.

Caroline : Ils adorent ce parc. Thomas ne parle que du toboggan depuis ce matin.

Martin : C'est marrant comme de simples jeux peuvent les rendre si heureux. Oh, et j'ai apporté des collations pour tout le monde.

Caroline : Parfait ! Des fruits et des biscuits, tu connais les préférences. Ça évitera les ventres affamés en pleine séance de jeu.

Martin : Exactement. Et toi, as-tu des nouvelles à partager sur la journée de Léa à l'école ?

Caroline : Elle a eu une évaluation de dessin aujourd'hui. Elle était toute excitée de me montrer sa création. Une future artiste en herbe, peut-être.

Martin : C'est génial ! Et Thomas ? Comment se passe sa journée ?

Caroline : Il est dans sa phase "pourquoi" en ce moment. Tout est suivi d'un "pourquoi". C'est à la fois adorable et un petit défi.

Martin : Les phases, hein ? On traverse tous ça. Regardons-les jouer. C'est la meilleure partie de notre journée.

Caroline : Tu as raison, Martin. Les voir s'amuser comme ça, c'est précieux. Une journée au parc qui restera dans nos souvenirs.

"A Day at the Children's Park"

Context: Caroline and Martin take their children, Léa and Thomas, to the children's park. They discuss games, share moments of joy, and talk about the little challenges of parenting.

Dialogues:

Caroline: Hi Martin! What a beautiful day to come to the park. The kids are excited.

Martin: Hi Caroline! Absolutely, the sun is shining. Look, Léa and Thomas are already running towards the swings.

Caroline: They love this park. Thomas has been talking about the slide since this morning.

Martin: It's funny how simple games can make them so happy. Oh, and I brought snacks for everyone.

Caroline: Perfect! Fruits and cookies, you know their preferences. That'll prevent hungry tummies during playtime.

Martin: Exactly. And how about you? Any news to share about Léa's day at school?

Caroline: She had a drawing assessment today. She was so excited to show me her creation. A budding artist, perhaps.

Martin: That's great! And Thomas? How's his day going?

Caroline: He's in his "why" phase right now. Everything is followed by a "why." It's both adorable and a little challenging.

Martin: Phases, huh? We all go through that. Let's watch them play. It's the best part of our day.

Caroline: You're right, Martin. Seeing them have fun like this is precious. A day at the park that will stay in our memories.

12 "Une Journée à l'École"

Contexte : Sophie et Nicolas, deux enseignants, discutent dans la salle des enseignants pendant leur pause déjeuner. Ils échangent sur les défis et les moments gratifiants de leur journée à l'école.

Dialogues :

Sophie : Salut Nicolas ! Comment s'est passée ta matinée de classe ?

Nicolas : Salut Sophie ! Plutôt bien, mais les élèves sont vraiment énergiques aujourd'hui. C'est la pleine lune ou quelque chose du genre ?

Sophie : Je pense qu'il y a quelque chose dans l'air. Mes élèves sont également pleins d'énergie. Les cours d'éducation physique ont été un peu plus animés que d'habitude.

Nicolas : Ah, les mystères de l'énergie enfantine. Au moins, ça les garde actifs. Tu as entendu parler de la sortie scolaire prévue pour la semaine prochaine ?

Sophie : Oui, j'ai vu la note. C'est au musée des sciences, non ? Ça devrait être une expérience éducative intéressante.

Nicolas : Absolument. J'espère juste que la météo sera de notre côté. On sait comment ces sorties peuvent être imprévisibles.

Sophie : Tu as raison. Croisons les doigts. Oh, et as-tu eu des nouvelles du club de théâtre ? Ils préparent une pièce pour la fin de l'année.

Nicolas : Oui, j'ai entendu dire qu'ils cherchent des volontaires pour les aider avec les décors. Ça pourrait être une occasion amusante de s'impliquer.

Sophie : Certainement. Tu sais, malgré les défis, j'adore travailler ici. Les moments où les élèves comprennent quelque chose pour la première fois font tout valoir la peine.

Nicolas : Tout à fait d'accord, Sophie. Chaque journée apporte son lot de surprises et de satisfactions.

"A Day at School"

Context: Sophie and Nicolas, two teachers, are chatting in the teachers' lounge during their lunch break. They discuss the challenges and rewarding moments of their day at school.

Dialogues:

Sophie: Hi Nicolas! How was your morning class?

Nicolas: Hi Sophie! Pretty good, but the students are really energetic today. Is it a full moon or something?

Sophie: I think there's something in the air. My students are also full of energy. The physical education classes were a bit livelier than usual.

Nicolas: Ah, the mysteries of children's energy. At least, it keeps them active. Have you heard about the school trip planned for next week?

Sophie: Yes, I saw the note. It's to the science museum, right? It should be an interesting educational experience.

Nicolas: Absolutely. I just hope the weather will be on our side. We know how unpredictable these outings can be.

Sophie: You're right. Fingers crossed. Oh, and have you heard any news from the drama club? They are preparing a play for the end of the year.

Nicolas: Yes, I heard they are looking for volunteers to help with the set design. It could be a fun opportunity to get involved.

Sophie: Certainly. You know, despite the challenges, I love working here. The moments when students understand something for the first time make it all worthwhile.

Nicolas: Totally agree, Sophie. Each day brings its share of surprises and satisfactions.

13 "Journée Relaxante au Spa"

Contexte : Marie et Élise, deux amies, passent une journée de détente dans un spa. Elles discutent des différents soins, partagent des conseils beauté, et savourent l'atmosphère apaisante du spa.

Dialogues :

Marie : Salut Élise ! C'est tellement agréable de prendre une journée pour se détendre au spa, n'est-ce pas ?

Élise : Salut Marie ! Absolument. J'ai opté pour un massage et un soin du visage. Et toi ?

Marie : Pareil ! Rien de mieux qu'un bon massage. J'ai aussi ajouté un enveloppement corporel. J'ai entendu dire que c'était revitalisant.

Élise : Excellente idée. Tu me diras comment c'était. Oh, et as-tu essayé le sauna ici ? C'est divin.

Marie : Pas encore, mais c'est sur ma liste. Et regarde ces installations d'hydrothérapie. On dirait un paradis aquatique.

Élise : J'y étais tout à l'heure. Rafraîchissant et relaxant. Et sinon, qu'en est-il de ta routine beauté à la maison ?

Marie : J'ai récemment ajouté un sérum hydratant à ma routine. Ça fait des merveilles. Et toi, des conseils beauté à partager ?

Élise : Absolument ! J'ai découvert une masque capillaire incroyable. Je t'en donnerai un échantillon. On pourrait même l'essayer ensemble.

Marie : Génial ! C'est ça que j'aime dans ces journées spa, la détente et les échanges de conseils. Parlant de ça, la séance de méditation commence bientôt.

Élise : Oh, on ne peut pas manquer ça. Allons-y. C'est la cerise sur le gâteau de notre journée bien-être.

"Relaxing Day at the Spa"

Context: Marie and Élise, two friends, spend a relaxing day at a spa. They discuss various treatments, share beauty tips, and savor the soothing atmosphere of the spa.

Dialogues:

Marie: Hi Élise! It's so nice to take a day to relax at the spa, isn't it?

Élise: Hi Marie! Absolutely. I opted for a massage and a facial treatment. How about you?

Marie: Same! Nothing beats a good massage. I also added a body wrap. I heard it's revitalizing.

Élise: Excellent idea. Let me know how it was. Oh, and have you tried the sauna here? It's divine.

Marie: Not yet, but it's on my list. And look at these hydrotherapy facilities. It's like an aquatic paradise.

Élise: I was there earlier. Refreshing and relaxing. By the way, what about your beauty routine at home?

Marie: I recently added a hydrating serum to my routine. It works wonders. How about you? Any beauty tips to share?

Élise: Absolutely! I discovered an incredible hair mask. I'll give you a sample. We could even try it together.

Marie: Awesome! That's what I love about these spa days, relaxation and sharing beauty tips. Speaking of that, the meditation session is starting soon.

Élise: Oh, we can't miss that. Let's go. It's the icing on the cake of our wellness day.

14 "Une Soirée de Noël Chaleureuse"

Contexte : Lisa et Pierre, frère et sœur, se retrouvent chez leurs parents pour célébrer Noël en famille. Ils partagent des souvenirs, échangent des cadeaux et profitent de la magie de la soirée.

Dialogues :

Lisa : Salut Pierre ! Joyeux Noël ! C'est tellement bien d'être tous ensemble.

Pierre : Salut Lisa ! Joyeux Noël à toi aussi. La maison est magnifique, comme toujours. Les décorations sont superbes.

Lisa : Maman et papa ont vraiment mis le paquet cette année. Oh, et voici ton cadeau. J'espère que tu l'aimeras.

Pierre : Merci, Lisa ! C'est gentil. Et voici le tien. J'ai mis du temps à choisir, mais j'espère que ça te plaira.

Lisa : Wow, une liseuse ! Exactement ce qu'il me fallait. Merci, Pierre. On pourra partager nos découvertes littéraires.

Pierre : C'est l'idée. Et regarde, la dinde de Noël est prête à être servie. Ça sent délicieusement bon.

Lisa : Miam ! J'adore cette période de l'année, surtout pour la cuisine. Les biscuits de grand- mère sont aussi de retour.

Pierre : Rien ne bat les biscuits de grand-mère. Oh, et j'ai entendu dire que tu avais une surprise musicale pour plus tard.

Lisa : Oui, une petite performance de Noël. J'espère que ça mettra tout le monde dans l'esprit festif.

Pierre : Certainement. Noël ne serait pas complet sans un peu de musique. Profitons de cette soirée en famille.

Lisa : Absolument, Pierre. Joyeux Noël à tous !

"A Warm Christmas Evening"

Context: Lisa and Pierre, brother and sister, gather at their parents' house to celebrate Christmas as a family. They share memories, exchange gifts, and bask in the magic of the evening.

Dialogues:

Lisa: Hi Pierre! Merry Christmas! It's so nice to be all together.

Pierre: Hi Lisa! Merry Christmas to you too. The house looks beautiful, as always. The decorations are stunning.

Lisa: Mom and dad really went all out this year. Oh, and here's your gift. I hope you'll like it.

Pierre: Thank you, Lisa! That's kind. And here's yours. It took me a while to choose, but I hope you'll like it.

Lisa: Wow, an e-reader! Exactly what I needed. Thanks, Pierre. We can share our literary discoveries.

Pierre: That's the idea. And look, the Christmas turkey is ready to be served. It smells delicious.

Lisa: Yum! I love this time of year, especially for the food. Grandma's cookies are back too.

Pierre: Nothing beats Grandma's cookies. Oh, and I heard you have a musical surprise planned for later.

Lisa: Yes, a little Christmas performance. I hope it puts everyone in the festive spirit.

Pierre: Certainly. Christmas wouldn't be complete without a bit of music. Let's enjoy this family evening.

Lisa: Absolutely, Pierre. Merry Christmas, everyone!

15 "Exploration Culinaire entre Amis"

Contexte : Sarah et David, deux amis passionnés de cuisine, explorent un marché alimentaire local. Ils discutent de leurs plats préférés, partagent des conseils culinaires et décident de préparer un repas ensemble.

Dialogues :

Sarah : Salut David ! Ça faisait longtemps. Qu'en dis-tu d'explorer ce marché local aujourd'hui ?

David : Salut Sarah ! Excellente idée. J'adore découvrir de nouveaux ingrédients. Par où commençons-nous ?

Sarah : Oh, regarde ces étals de fruits frais. Les mangues sont en saison. On devrait en prendre pour un dessert.

David : Absolument. Et que penses-tu de ces épices exotiques ? Elles pourraient donner un coup de peps à nos plats.

Sarah : J'adore l'idée. Et tu devrais goûter ce fromage local. Il a une saveur unique. On pourrait l'intégrer dans une entrée.

David : Ça me semble délicieux. Parlons un peu de nos plats préférés. As-tu déjà essayé de cuisiner des plats asiatiques ?

Sarah : Bien sûr, j'adore la cuisine asiatique. Les saveurs sont si variées. J'ai une super recette de curry que tu devrais essayer.

David : Génial ! Et si on achetait des pâtes fraîches pour accompagner le curry ? C'est toujours un succès.

Sarah : Excellente idée. On pourrait également préparer une salade colorée en entrée. Les légumes ici sont d'une fraîcheur incroyable.

David : Parfait. On a notre menu. On se retrouve chez moi ce soir pour cuisiner ensemble ?

Sarah : Absolument. Ce sera une soirée mémorable. J'ai hâte de partager nos découvertes culinaires.

"Culinary Exploration with Friends"

Context: Sarah and David, two friends passionate about cooking, explore a local food market. They discuss their favorite dishes, share culinary tips, and decide to prepare a meal together.

Dialogues:

Sarah: Hi David! Long time no see. How about exploring this local market today?

David: Hi Sarah! Excellent idea. I love discovering new ingredients. Where do we start?

Sarah: Oh, look at these fresh fruit stalls. Mangos are in season. We should get some for dessert.

David: Absolutely. And what do you think about these exotic spices? They could add a kick to our dishes.

Sarah: I love the idea. And you should taste this local cheese. It has a unique flavor. We could incorporate it into an appetizer.

David: Sounds delicious. Let's talk a bit about our favorite dishes. Have you ever tried cooking Asian cuisine?

Sarah: Of course, I love Asian cuisine. The flavors are so diverse. I have a great curry recipe you should try.

David: Awesome! And what if we buy fresh pasta to accompany the curry? It's always a hit.

Sarah: Excellent idea. We could also prepare a colorful salad as an appetizer. The vegetables here are incredibly fresh.

David: Perfect. We have our menu. Meet at my place tonight to cook together?

Sarah: Absolutely. It will be a memorable evening. I can't wait to share our culinary discoveries.

16 "Échange Spirituel entre Amis"

Contexte : Emma et Thomas, deux amis proches, se retrouvent dans un parc pour discuter de spiritualité. Ils partagent leurs expériences, évoquent leurs pratiques et réfléchissent sur le sens profond de la vie.

Dialogues :

Emma : Salut Thomas ! J'avais envie de discuter de spiritualité aujourd'hui. Comment abordes-tu cette dimension dans ta vie ?

Thomas : Salut Emma ! C'est une belle idée. Pour moi, la spiritualité se manifeste à travers la méditation. C'est comme un moment de connexion profonde.

Emma : Ça a l'air apaisant. J'ai commencé à explorer la méditation moi aussi. C'est surprenant comment cela peut influencer notre état d'esprit.

Thomas : Absolument. Et toi, as-tu des rituels spirituels qui te tiennent à cœur ?

Emma : Je pratique la gratitude quotidienne. Chaque soir, je prends un moment pour réfléchir à ce pour quoi je suis reconnaissante. Ça change vraiment ma perspective.

Thomas : C'est une belle habitude. J'ai lu sur différentes philosophies spirituelles. Elles partagent souvent des similitudes malgré leurs différences culturelles.

Emma : C'est vrai. Il y a tant de chemins pour explorer la spiritualité. As-tu déjà vécu des moments où tu sentais une connexion profonde avec quelque chose de plus grand que toi ?

Thomas : Oui, surtout dans la nature. Une randonnée en montagne peut être une expérience spirituelle puissante. On se sent vraiment connecté à l'univers.

Emma : Je ressens la même chose en contemplant le ciel étoilé. C'est comme si chaque étoile avait une histoire à raconter.

Thomas : La nature est vraiment un catalyseur spirituel. Et toi, comment envisages-tu la recherche de sens dans la vie ?

Emma : Pour moi, trouver un sens dans la vie implique de contribuer positivement au bien- être des autres. C'est dans la compassion et la gentillesse que je trouve un sens profond.

Thomas : C'est une belle perspective, Emma. La spiritualité, c'est aussi trouver la lumière en nous et la partager avec le monde.

"Spiritual Exchange Between Friends"

Context: Emma and Thomas, two close friends, meet in a park to discuss spirituality. They share their experiences, talk about their practices, and reflect on the deeper meaning of life.

Dialogues:

Emma: Hi Thomas! I felt like discussing spirituality today. How do you approach this dimension in your life?

Thomas: Hi Emma! That's a great idea. For me, spirituality manifests through meditation. It's like a moment of deep connection.

Emma: That sounds soothing. I've started exploring meditation too. It's surprising how it can influence our state of mind.

Thomas: Absolutely. How about you? Are there any spiritual rituals that are dear to you?

Emma: I practice daily gratitude. Every evening, I take a moment to reflect on what I'm thankful for. It truly changes my perspective.

Thomas: That's a beautiful habit. I've read about different spiritual philosophies. They often share similarities despite cultural differences.

Emma: True. There are so many paths to explore spirituality. Have you ever experienced moments where you felt a deep connection to something greater than yourself?

Thomas: Yes, especially in nature. Hiking in the mountains can be a powerful spiritual experience. You really feel connected to the universe.

Emma: I feel the same when gazing at the starry sky. It's like each star has a story to tell.

Thomas: Nature is indeed a spiritual catalyst. And how do you envision the search for meaning in life?

Emma: For me, finding meaning in life involves positively contributing to the well-being of others. It's in compassion and kindness that I find profound meaning.

Thomas: That's a beautiful perspective, Emma. Spirituality is also about finding the light within us and sharing it with the world.

17 "Planification de Vacances entre Amis"

Contexte : Anaïs et Jérôme, deux amis enthousiastes, se retrouvent dans un café pour discuter de leurs projets de vacances.

Dialogues :

Anaïs : Salut Jérôme ! On n'a pas parlé de vacances depuis un moment. As-tu des projets pour cet été ?

Jérôme : Salut Anaïs ! Pas encore, mais j'y pense. J'aimerais faire quelque chose d'inoubliable. Des idées ?

Anaïs : Absolument. J'ai entendu parler d'une magnifique région montagneuse. Randonnées, paysages à couper le souffle. Ça te tente ?

Jérôme : Excellente idée ! J'adore la nature. On pourrait planifier une semaine de randonnée et de camping. Tu as des endroits spécifiques en tête ?

Anaïs : Oui, j'ai repéré quelques sentiers dans les Alpes. On pourrait commencer par une journée de détente dans un chalet de montagne.

Jérôme : Ça sonne parfait. Et sinon, j'ai toujours rêvé de visiter des îles tropicales. Plages de sable fin, eaux cristallines. Qu'en dis-tu ?

Anaïs : Tu me connais, j'adore l'idée. On pourrait diviser nos vacances entre la montagne et la plage. Double dose de détente !

Jérôme : Génial ! Et pour le logement, tu préfères hôtel ou location de vacances ?

Anaïs : Je pense qu'une location serait sympa. On aura plus d'intimité, et ça ajoute à l'expérience.

Jérôme : D'accord, je vais commencer à regarder les disponibilités. On peut aussi planifier quelques activités locales.

Anaïs : Parfait ! Entre randonnées, plongée sous-marine, et dégustation de plats locaux, nos vacances seront bien remplies.

Jérôme : Je suis emballé. Ces vacances s'annoncent vraiment mémorables. On a encore quelques mois pour les peaufiner.

"Vacation Planning Among Friends"

Context: Anaïs and Jérôme, two enthusiastic friends, meet at a café to discuss their vacation plans.

Dialogues:

Anaïs: Hi Jérôme! We haven't talked about vacations in a while. Any plans for this summer?

Jérôme: Hi Anaïs! Not yet, but I'm thinking about it. I'd like to do something unforgettable. Any ideas?

Anaïs: Absolutely. I heard about a beautiful mountainous region. Hiking, breathtaking landscapes. How about that?

Jérôme: Excellent idea! I love nature. We could plan a week of hiking and camping. Do you have specific places in mind?

Anaïs: Yes, I've spotted some trails in the Alps. We could start with a relaxing day in a mountain chalet.

Jérôme: Sounds perfect. And, I've always dreamed of visiting tropical islands. White sandy beaches, crystal-clear waters. What do you think?

Anaïs: You know me, I love the idea. We could split our vacation between the mountains and the beach. Double dose of relaxation!

Jérôme: Awesome! And for accommodation, do you prefer a hotel or a vacation rental?

Anaïs: I think a rental would be nice. We'll have more privacy, and it adds to the experience.

Jérôme: Okay, I'll start looking into availability. We can also plan some local activities.

Anaïs: Perfect! Between hiking, scuba diving, and tasting local dishes, our vacation will be packed with fun.

Jérôme: I'm excited. These vacations are shaping up to be truly memorable. We still have a few months to fine-tune the details.

18 "Exploration Créative de la Décoration"

Contexte : Marie et Alex, deux amis passionnés de décoration, se retrouvent dans un magasin d'ameublement pour trouver de l'inspiration. Ils discutent de leurs styles préférés, partagent des idées de décoration, et envisagent de transformer leurs espaces de vie.

Dialogues :

Marie : Salut Alex ! J'avais envie de donner un coup de neuf à mon salon. Tu veux bien m'accompagner pour trouver de l'inspiration ?

Alex : Salut Marie ! Bien sûr, j'adore explorer les magasins de décoration. Quel style recherches-tu ?

Marie : J'hésite entre un style minimaliste et un look bohème. J'aime l'idée d'un espace épuré, mais les accents bohèmes apportent une touche chaleureuse.

Alex : Deux styles fascinants. Tu pourrais combiner les deux en utilisant des couleurs neutres pour la base et en ajoutant des textiles bohèmes comme des coussins et des tapis.

Marie : Excellente idée ! Et toi, as-tu des projets de décoration en tête ?

Alex : En fait, je pense à créer un coin lecture dans ma chambre. J'imagine des étagères remplies de livres, des coussins moelleux et une lampe d'ambiance.

Marie : Ça sonne comme un havre de paix littéraire. Pour les étagères, tu envisages des modèles flottants ou traditionnels ?

Alex : Plutôt des étagères flottantes pour un look moderne. Ça donne aussi l'illusion que les livres flottent.

Marie : J'adore cette idée ! Regarde ces tableaux abstraits. Ils pourraient ajouter une touche artistique à ton coin lecture.

Alex : C'est une excellente suggestion. Et pour ton salon, que dirais-tu d'ajouter une grande plante d'intérieur pour apporter de la vie à l'espace ?

Marie : Génial ! Une plante serait parfaite. Allons explorer les rayons et voir ce qui nous inspire.

"Creative Exploration of Decoration"

Context: Marie and Alex, two friends passionate about decoration, meet in a furniture store to find inspiration. They discuss their favorite styles, share decoration ideas, and contemplate transforming their living spaces.

Dialogues:

Marie: Hi Alex! I wanted to refresh my living room. Would you mind accompanying me to find some inspiration?

Alex: Hi Marie! Of course, I love exploring decoration stores. What style are you looking for?

Marie: I'm torn between a minimalist style and a bohemian look. I like the idea of a clean space, but bohemian accents bring a warm touch.

Alex: Two fascinating styles. You could combine both by using neutral colors for the base and adding bohemian textiles like cushions and rugs.

Marie: Excellent idea! How about you? Any decoration projects in mind?

Alex: Actually, I'm thinking of creating a reading nook in my bedroom. I envision shelves filled with books, plush cushions, and ambient lighting.

Marie: That sounds like a literary haven. For the shelves, are you considering floating or traditional ones?

Alex: More like floating shelves for a modern look. It also gives the illusion that the books are floating.

Marie: I love that idea! Look at these abstract paintings. They could add an artistic touch to your reading corner.

Alex: That's an excellent suggestion. And for your living room, how about adding a large indoor plant to bring life to the space?

Marie: Awesome! A plant would be perfect. Let's explore the aisles and see what inspires us.

19 "Discussion Scientifique entre Amis"

Contexte : Sophie et Antoine, deux amis passionnés de science, se retrouvent dans un café pour discuter des dernières découvertes et innovations scientifiques. Ils partagent leur fascination pour le monde de la science et échangent des idées sur l'avenir de la recherche.

Dialogues :

Sophie : Salut Antoine ! J'ai récemment lu un article sur les avancées en neurosciences. C'est fascinant de voir comment la science explore le fonctionnement du cerveau.

Antoine : Salut Sophie ! Absolument, les progrès dans ce domaine sont incroyables. On découvre tellement sur la mémoire, les émotions, et même la conscience.

Sophie : Et toi, as-tu suivi les dernières avancées en physique quantique ? Les expériences avec les particules subatomiques sont vraiment intrigantes.

Antoine : Bien sûr, c'est un domaine qui ne cesse de surprendre. Les concepts comme la superposition quantique défient parfois notre compréhension traditionnelle de la réalité.

Sophie : Exactement. La science ouvre des portes vers l'inconnu. As-tu des sujets de prédilection en ce moment ?

Antoine : Je m'intéresse beaucoup à l'intelligence artificielle. Les progrès dans le domaine de l'apprentissage automatique sont impressionnants. On dirait que les machines apprennent comme des cerveaux humains.

Sophie : C'est passionnant. Et ça soulève des questions éthiques sur l'autonomie des machines. On devrait organiser une soirée pour discuter de tout ça avec d'autres amateurs de science.

Antoine : Excellente idée, Sophie. Et as-tu entendu parler des missions spatiales à venir ? L'exploration de Mars semble de plus en plus proche.

Sophie : Oui, c'est passionnant de penser à l'avenir de l'exploration spatiale. Peut-être qu'un jour, nous aurons des colonies sur d'autres planètes.

Antoine : L'espace reste le dernier grand mystère. Discuter de science avec toi est toujours stimulant. On devrait le faire plus souvent.

"Scientific Discussion Among Friends"

Context: Sophie and Antoine, two friends passionate about science, meet in a café to discuss the latest discoveries and scientific innovations. They share their fascination with the world of science and exchange ideas about the future of research.

Dialogues:

Sophie: Hi Antoine! I recently read an article about advances in neuroscience. It's fascinating to see how science explores the workings of the brain.

Antoine: Hi Sophie! Absolutely, the progress in this field is incredible. We're learning so much about memory, emotions, and even consciousness.

Sophie: And how about you? Have you been following the latest developments in quantum physics? Experiments with subatomic particles are truly intriguing.

Antoine: Of course, it's a field that never ceases to surprise. Concepts like quantum superposition sometimes defy our traditional understanding of reality.

Sophie: Exactly. Science opens doors to the unknown. Do you have any particular topics of interest right now?

Antoine: I'm very interested in artificial intelligence. The progress in machine learning is impressive. It seems like machines are learning like human brains.

Sophie: That's exciting. And it raises ethical questions about the autonomy of machines. We should organize an evening to discuss all of this with other science enthusiasts.

Antoine: Excellent idea, Sophie. And have you heard about the upcoming space missions? Exploration of Mars seems closer than ever.

Sophie: Yes, it's thrilling to think about the future of space exploration. Perhaps one day, we'll have colonies on other planets.

Antoine: Space remains the last great mystery. Discussing science with you is always stimulating. We should do it more often.

20 "Passion Animalière entre Amis"

Contexte : Lisa et Paul, deux amis amoureux des animaux, se retrouvent dans un parc pour discuter de leur affection commune pour les créatures du règne animal. Ils partagent des anecdotes sur leurs animaux de compagnie et discutent des efforts de préservation pour la faune.

Dialogues :

Lisa : Salut Paul ! J'ai croisé un chien adorable en venant ici. Ça m'a rappelé notre discussion sur les animaux la dernière fois.

Paul : Salut Lisa ! Les animaux sont toujours une source de joie. Comment va ton chat, Whiskers ?

Lisa : Whiskers se porte bien, merci. Il a découvert un nouvel amour pour les boîtes en carton. C'est hilarant à regarder.

Paul : Les chats et leurs fascinations étranges ! J'ai lu un article sur les efforts de conservation des gorilles. C'est incroyable comment les gens s'investissent pour protéger ces espèces.

Lisa : Absolument. Les gorilles sont si impressionnants. J'ai récemment regardé un documentaire sur les éléphants et leur intelligence émotionnelle. C'était captivant.

Paul : Les éléphants sont vraiment remarquables. Parlant d'intelligence, as-tu entendu parler des corbeaux qui résolvent des problèmes complexes ?

Lisa : Oui, c'est fascinant. Le règne animal regorge de surprises et d'intelligence. Et toi, as-tu des projets pour soutenir les efforts de préservation ?

Paul : Je pense à rejoindre un bénévolat dans un refuge animalier local. C'est une manière pour moi de contribuer à la protection des animaux dans le besoin.

Lisa : C'est une belle initiative, Paul. Les animaux ont besoin de défenseurs comme toi. Oh, regarde ce couple de canards qui traverse le lac. C'est si paisible.

Paul : La nature est vraiment merveilleuse. Discuter d'animaux avec toi est toujours un moment agréable. On devrait organiser une journée à l'aquarium ou au zoo bientôt.

Lisa : Excellente idée, Paul. Ce sera une journée parfaite pour célébrer notre passion commune pour les animaux.

"Animal Enthusiasm Among Friends"

Context: Lisa and Paul, two friends passionate about animals, meet in a park to discuss their shared affection for creatures in the animal kingdom. They share anecdotes about their pets and discuss conservation efforts for wildlife.

Dialogues:

Lisa: Hi Paul! I came across an adorable dog on my way here. It reminded me of our conversation about animals last time.

Paul: Hi Lisa! Animals are always a source of joy. How is your cat, Whiskers?

Lisa: Whiskers is doing well, thank you. He has developed a new love for cardboard boxes. It's hilarious to watch.

Paul: Cats and their strange fascinations! I read an article about gorilla conservation efforts. It's incredible how people are dedicated to protecting these species.

Lisa: Absolutely. Gorillas are so impressive. I recently watched a documentary about elephants and their emotional intelligence. It was captivating.

Paul: Elephants are truly remarkable. Speaking of intelligence, have you heard about crows solving complex problems?

Lisa: Yes, it's fascinating. The animal kingdom is full of surprises and intelligence. And how about you? Do you have plans to support conservation efforts?

Paul: I'm considering volunteering at a local animal shelter. It's a way for me to contribute to the protection of animals in need.

Lisa: That's a wonderful initiative, Paul. Animals need advocates like you. Oh, look at that pair of ducks crossing the lake. It's so peaceful.

Paul: Nature is truly marvelous. Discussing animals with you is always a pleasant moment. We should plan a day at the aquarium or zoo soon.

Lisa: Excellent idea, Paul. It will be a perfect day to celebrate our shared passion for animals.

21 "Réflexion sur la Nature entre Amis"

Contexte : Émilie et Martin, deux amis amoureux de la nature, se retrouvent dans un parc pour discuter de l'environnement.

Dialogues :

Émilie : Salut Martin ! Quel bel endroit pour se détendre. J'aime vraiment être entourée par la nature.

Martin : Salut Émilie ! Moi aussi, il n'y a rien de mieux que l'air frais et les arbres. As-tu eu l'occasion de faire une randonnée récemment ?

Émilie : Pas encore, mais j'aimerais beaucoup. Il y a tellement de sentiers magnifiques à explorer. C'est une façon fantastique de connecter avec la nature.

Martin : Absolument. Et tu sais, j'ai lu un article sur l'importance des abeilles dans l'écosystème. Elles jouent un rôle crucial dans la pollinisation des fleurs.

Émilie : Les abeilles sont incroyables. On devrait tous faire notre part pour les protéger. As-tu des astuces pour rendre nos espaces de vie plus écologiques ?

Martin : Eh bien, réduire notre utilisation de plastique est un bon début. Utiliser des sacs réutilisables et éviter les emballages superflus contribue à la réduction des déchets.

Émilie : C'est une excellente idée. Chaque geste compte. Oh, regarde ces oiseaux ! Leurs chants ajoutent vraiment à la sérénité de cet endroit.

Martin : Les sons de la nature sont apaisants. J'adore me perdre dans la contemplation des paysages naturels. Ça remet les choses en perspective.

Émilie : Exactement. La nature a ce pouvoir de nous rappeler l'importance de la simplicité. Et toi, as-tu un endroit naturel préféré ?

Martin : J'aime particulièrement la forêt près de chez moi. Il y a quelque chose de magique à marcher parmi les arbres séculaires. On devrait planifier une randonnée ensemble un de ces jours.

Émilie : Ça serait génial, Martin. Passer du temps dans la nature avec un ami est l'une des choses les plus précieuses.

"Nature Reflection Among Friends"

Context: Émilie and Martin, two friends who love nature, meet in a park to discuss the environment.

Dialogues:

Émilie: Hi Martin! What a beautiful place to unwind. I really love being surrounded by nature.

Martin: Hi Émilie! Me too, there's nothing better than fresh air and trees. Have you had a chance to go hiking recently?

Émilie: Not yet, but I would love to. There are so many beautiful trails to explore. It's a fantastic way to connect with nature.

Martin: Absolutely. And you know, I read an article about the importance of bees in the ecosystem. They play a crucial role in pollinating flowers.

Émilie: Bees are incredible. We should all do our part to protect them. Do you have tips for making our living spaces more eco-friendly?

Martin: Well, reducing our use of plastic is a good start. Using reusable bags and avoiding unnecessary packaging helps in waste reduction.

Émilie: That's a great idea. Every little bit counts. Oh, look at those birds! Their songs really add to the serenity of this place.

Martin: The sounds of nature are soothing. I love getting lost in contemplation of natural landscapes. It puts things into perspective.

Émilie: Exactly. Nature has this power to remind us of the importance of simplicity. And you, do you have a favorite natural spot?

Martin: I particularly love the forest near my place. There's something magical about walking among ancient trees. We should plan a hike together one of these days.

Émilie: That would be great, Martin. Spending time in nature with a friend is one of the most precious things.

22 "Dégustation de Vin entre Amis"

Contexte : Caroline et Thomas, deux amis amateurs de vin, se retrouvent dans un vignoble pour une dégustation. Ils discutent des arômes, des cépages, et partagent leurs impressions sur différents millésimes.

Dialogues :

Caroline : Salut Thomas ! Quel plaisir d'être ici. J'adore découvrir de nouveaux vins. Quel est celui que tu as hâte d'essayer ?

Thomas : Salut Caroline ! Moi aussi, c'est toujours une aventure. J'ai entendu dire que le Chardonnay de cette région est exceptionnel. On devrait commencer par celui-là.

Caroline : Excellente idée ! J'aime les Chardonnay bien équilibrés. Regarde la couleur de celui-ci, c'est prometteur. À ta santé !

Thomas : À la tienne ! Hmm, les arômes de fruits tropicaux sont incroyables. Et la finale est légèrement boisée. Tu en penses quoi ?

Caroline : Je suis d'accord. C'est un Chardonnay complexe et élégant. Oh, et ce rouge à côté semble intrigant. Tu veux l'essayer ?

Thomas : Absolument. J'aime les rouges avec des tanins souples. Cela a une couleur profonde. À la vôtre !

Caroline : À la nôtre ! Les arômes de fruits rouges sont délicieux. Et les tanins sont effectivement soyeux. Un excellent choix.

Thomas : Tu as raison. Chaque vin a sa propre personnalité. C'est ce que j'aime dans la dégustation. Tu as des vins préférés chez toi en ce moment ?

Caroline : J'ai récemment découvert un Merlot très plaisant. C'est léger et fruité, parfait pour les soirées décontractées. Et toi ?

Thomas : J'ai une bouteille de Cabernet Sauvignon que j'attendais d'ouvrir. On devrait se faire un dîner et la déguster ensemble.

Caroline : Ça sonne comme un plan. La passion du vin est encore meilleure lorsqu'elle est partagée. À nos prochaines aventures œnologiques !

"Wine Tasting Among Friends"

Context: Caroline and Thomas, two wine enthusiasts, meet at a vineyard for a tasting. They discuss aromas, grape varieties, and share their impressions on different vintages.

Dialogues:

Caroline: Hi Thomas! What a pleasure to be here. I love discovering new wines. Which one are you looking forward to trying?

Thomas: Hi Caroline! Me too, it's always an adventure. I heard that the Chardonnay from this region is exceptional. We should start with that.

Caroline: Excellent idea! I love well-balanced Chardonnays. Look at the color of this one, it's promising. Cheers!

Thomas: Cheers! Hmm, the aromas of tropical fruits are amazing. And the finish is slightly oaky. What do you think?

Caroline: I agree. It's a complex and elegant Chardonnay. Oh, and this red next to it seems intriguing. Do you want to try it?

Thomas: Absolutely. I like reds with soft tannins. It has a deep color. To yours!

Caroline: To yours! The aromas of red fruits are delightful. And the tannins are indeed silky. A great choice.

Thomas: You're right. Each wine has its own personality. That's what I love about tasting. Do you have any favorite wines at home right now?

Caroline: I recently discovered a very pleasant Merlot. It's light and fruity, perfect for laid-back evenings. And you?

Thomas: I have a bottle of Cabernet Sauvignon that I've been waiting to open. We should have a dinner and enjoy it together.

Caroline: Sounds like a plan. The passion for wine is even better when shared. To our next oenological adventures!

23 "Explorer les Plantes Comestibles"

Contexte : Emma et Alex, deux amis passionnés par la cueillette sauvage et les plantes comestibles, se retrouvent dans un jardin botanique.

Dialogues :

Emma : Salut Alex ! Ce jardin botanique est une véritable perle. J'ai pensé que ce serait amusant d'explorer et d'en apprendre davantage sur les plantes comestibles. Qu'en penses- tu ?

Alex : Salut Emma ! Excellente idée. J'ai toujours été curieux de la cueillette sauvage. Regarde ces herbes. As-tu déjà cuisiné avec des herbes fraîches ?

Emma : Absolument ! J'ai un petit jardin d'herbes à la maison. Le basilic et la menthe fraîche ajoutent tellement de saveur aux plats. Oh, et voici du romarin ! Il est excellent avec les légumes rôtis.

Alex : J'ai pensé à commencer mon propre jardin d'herbes. Cela semble gratifiant. Quelle est ton herbe préférée à cuisiner ?

Emma : Un choix difficile, mais j'adore utiliser le thym. Il est polyvalent et se marie bien avec de nombreux plats. As-tu déjà essayé de cueillir des plantes sauvages comestibles ?

Alex : Pas encore, mais j'aimerais apprendre. Y a-t-il des plantes sauvages comestibles faciles à identifier que tu recommandes aux débutants ?

Emma : Certainement ! Les feuilles de pissenlit sont un bon début. Elles sont nutritives et peuvent être utilisées dans les salades. Et regarde, voici des fleurs de capucine. Elles ajoutent une note poivrée aux salades.

Alex : Intéressant ! Je n'avais jamais pensé à utiliser des fleurs. Planifions une journée pour cueillir et cuisiner ensemble. Ça pourrait être une aventure culinaire amusante.

Emma : Je suis partante ! Nous pouvons explorer les bois à proximité et récolter quelques ingrédients sauvages. As-tu déjà essayé de faire de la soupe d'ortie ?

Alex : Soupe d'ortie ? Non, mais je suis intrigué. Essayons. Ça va être une expérience délicieuse et éducative.

Emma : D'accord ! À de nouvelles aventures culinaires et à la découverte des saveurs de la nature.

"Exploring Edible Plants"

Context: Emma and Alex, two friends with an interest in foraging and edible plants, meet in a botanical garden.

Dialogues:

Emma: Hi Alex! This botanical garden is a hidden gem. I thought it would be fun to explore and learn more about edible plants. What do you think?

Alex: Hi Emma! Great idea. I've always been curious about foraging. Look at these herbs. Have you tried cooking with fresh herbs before?

Emma: Absolutely! I have a small herb garden at home. Fresh basil and mint add so much flavor to dishes. Oh, and there's rosemary! It's great with roasted vegetables.

Alex: I've been thinking of starting my own herb garden. It seems rewarding. What's your favorite herb to cook with?

Emma: Tough choice, but I love using thyme. It's versatile and pairs well with many dishes. Have you ever tried foraging for wild edibles?

Alex: Not yet, but I'd love to learn. Are there any easy-to-identify wild edibles you recommend for beginners?

Emma: Definitely! Dandelion greens are a good start. They're nutritious and can be used in salads. And look, here are some nasturtium flowers. They add a peppery kick to salads.

Alex: Interesting! I never thought about using flowers. Let's plan a day to forage and cook together. It could be a fun culinary adventure.

Emma: I'm in! We can explore the nearby woods and gather some wild ingredients. Ever tried making nettle soup?

Alex: Nettle soup? No, but I'm intrigued. Let's give it a shot. This is going to be a delicious and educational experience.

Emma: Agreed! To new culinary adventures and discovering the flavors of nature.

24 "Une Conversation Fascinante sur les OVNI"

Contexte : Sophie et Pierre, deux amis curieux, se retrouvent autour d'un café pour discuter de phénomènes inexplicables et d'observations d'OVNI.

Dialogues :

Sophie : Salut Pierre ! J'ai lu un article sur des observations d'OVNI récentes. Ça me fascine vraiment. Tu crois qu'il y a quelque chose là-bas ?

Pierre : Salut Sophie ! C'est un sujet intrigant, n'est-ce pas ? Certains rapports sont vraiment étranges. Je ne sais pas quoi en penser.

Sophie : J'ai entendu parler d'un témoignage où plusieurs personnes ont vu des lumières étranges dans le ciel. Ça donne des frissons. Tu penses que c'est une coïncidence ?

Pierre : C'est difficile à dire. Il y a toujours des explications rationnelles possibles, mais il y a aussi des cas qui défient toute logique. C'est ce qui rend le sujet si mystérieux.

Sophie : J'ai vu des vidéos en ligne où des gens prétendent avoir filmé des rencontres rapprochées. Certains sont convaincants, d'autres moins. Ça peut être difficile de démêler le vrai du faux.

Pierre : Exactement. La question des preuves est toujours délicate dans ce domaine. Certains sont convaincus que nous sommes visités par des extraterrestres, d'autres restent sceptiques.

Sophie : On parle souvent des clichés d'OVNI en forme de soucoupe volante, mais il y a tellement de formes différentes signalées. C'est comme un grand puzzle.

Pierre : Et chaque témoignage ajoute une pièce au puzzle, même si cela ne conduit pas nécessairement à une image claire. Peut-être qu'un jour, nous aurons des réponses.

Sophie : En attendant, c'est amusant d'explorer ces mystères. Qui sait ce qui se cache là- haut ? Une chose est sûre, ça donne matière à réflexion.

Pierre : Absolument. Et si un jour des extraterrestres veulent prendre un café avec nous, espérons qu'ils aiment ça bien noir !

"A Fascinating Conversation about UFOs"

Context: Sophie and Pierre, two curious friends, meet over coffee to discuss unexplained phenomena and UFO sightings.

Dialogues:

Sophie: Hi Pierre! I read an article about recent UFO sightings. It really fascinates me. Do you think there's something out there?

Pierre: Hi Sophie! It's an intriguing topic, isn't it? Some reports are truly strange. I'm not sure what to make of it.

Sophie: I heard about a testimony where several people saw strange lights in the sky. It gives me chills. Do you think it's a coincidence?

Pierre: It's hard to say. There are always possible rational explanations, but there are also cases that defy all logic. That's what makes the subject so mysterious.

Sophie: I've seen online videos where people claim to have filmed close encounters. Some are convincing, others not so much. It can be challenging to separate fact from fiction.

Pierre: Exactly. The question of evidence is always tricky in this field. Some are convinced we're being visited by extraterrestrials, while others remain skeptical.

Sophie: We often hear about UFO clichés in the shape of flying saucers, but there are so many different reported shapes. It's like a big puzzle.

Pierre: And each testimony adds a piece to the puzzle, even if it doesn't necessarily lead to a clear picture. Maybe one day we'll have answers.

Sophie: In the meantime, it's fun to explore these mysteries. Who knows what's up there? One thing's for sure, it gives us something to think about.

Pierre: Absolutely. And if aliens ever want to have coffee with us, let's hope they like it black!

25 "Exploration Technologique entre Amis"

Contexte : Laura et Max, deux amis passionnés par la technologie, se retrouvent dans un café pour discuter des dernières avancées technologiques, de leurs gadgets préférés et des défis liés à la vie numérique.

Dialogues :

Laura : Salut Max ! As-tu vu le dernier smartphone qui vient de sortir ? Les fonctionnalités sont incroyables.

Max : Salut Laura ! Oui, c'est fou ce que la technologie peut faire aujourd'hui. Je suis impressionné par la rapidité des progrès.

Laura : J'ai récemment investi dans une montre connectée. C'est pratique pour suivre mes activités physiques et rester connectée. Tu en as une aussi ?

Max : Absolument ! J'adore la mienne. Elle me motive à rester actif. Parlons des défis maintenant. La dépendance aux écrans, ça te préoccupe ?

Laura : Oh, définitivement. Il est parfois difficile de se déconnecter. J'essaie de mettre en place des limites, mais c'est un défi constant.

Max : Je suis d'accord. La technologie nous facilite la vie, mais il est important de trouver un équilibre. Parlons des innovations à venir. Qu'est-ce que tu aimerais voir dans le futur ?

Laura : Hmm, j'aimerais des avancées dans les énergies propres. Et toi ?

Max : Je rêve de voitures autonomes. Imagine le temps gagné pendant les trajets. Ce serait révolutionnaire.

Laura : Et un peu effrayant aussi. La technologie soulève tant de questions éthiques. Comment assurons-nous la confidentialité dans un monde de plus en plus connecté ?

Max : Bonne question. La sécurité et la vie privée sont cruciales. C'est quelque chose sur lequel les développeurs devraient vraiment se pencher.

Laura : En fin de compte, la technologie façonne notre avenir de manière passionnante, mais nous devons rester conscients des implications.

Max : Tout à fait. Continuons à explorer ces avancées ensemble. À la prochaine révolution technologique !

"Technological Exploration Among Friends"

Context: Laura and Max, two friends passionate about technology, meet in a cafe to discuss the latest technological advancements, their favorite gadgets, and the challenges related to digital life.

Dialogues:

Laura: Hi Max! Have you seen the latest smartphone that just came out? The features are incredible.

Max: Hi Laura! Yes, it's amazing what technology can do these days. I'm impressed by the speed of progress.

Laura: I recently invested in a smartwatch. It's handy for tracking my physical activities and staying connected. Do you have one too?

Max: Absolutely! I love mine. It motivates me to stay active. Let's talk about challenges now. Screen dependence, does it concern you?

Laura: Oh, definitely. It's sometimes hard to disconnect. I try to set limits, but it's a constant challenge.

Max: I agree. Technology makes our lives easier, but finding a balance is crucial. Let's talk about upcoming innovations. What would you like to see in the future?

Laura: Hmm, I'd like to see advances in clean energy. And you?

Max: I dream of autonomous cars. Imagine the time saved during commutes. That would be revolutionary.

Laura: And a bit scary too. Technology raises so many ethical questions. How do we ensure privacy in an increasingly connected world?

Max: Good question. Security and privacy are crucial. It's something developers really need to focus on.

Laura: Ultimately, technology is shaping our future in exciting ways, but we must remain aware of the implications.

Max: Absolutely. Let's continue to explore these advancements together. To the next technological revolution!

26 "Passion Culinaire entre Amis"

Contexte : Sophie et Julien, deux amis amateurs de cuisine, se retrouvent dans la cuisine de Sophie pour préparer un repas ensemble.

Dialogues :

Sophie : Salut Julien ! Qu'est-ce que tu penses de préparer un festin aujourd'hui ?

Julien : Salut Sophie ! Excellente idée. Qu'est-ce que tu as en tête ?

Sophie : J'ai pensé à une lasagne maison suivie d'une tarte aux fruits. Ça te va ?

Julien : Parfait ! J'adore les lasagnes. On commence par la pâte à lasagne ?

Sophie : Non, je les prends déjà toutes prêtes. Gagnons du temps. Parlons plutôt de nos plats préférés. Quel est ton plat ultime ?

Julien : Hmm, difficile à dire. J'aime les pâtes, mais aussi les plats asiatiques. Et toi ?

Sophie : Je suis une inconditionnelle des plats méditerranéens. Les saveurs de l'huile d'olive, des herbes et des tomates me transportent toujours. Tu sais, j'ai une histoire drôle sur une recette qui a mal tourné...

Julien : Raconte ! On adore les anecdotes culinaires.

Sophie : Un jour, j'ai confondu le sucre et le sel en faisant des cookies. C'était une surprise gustative plutôt salée !

Julien : Haha, ça arrive aux meilleurs d'entre nous. Moi, j'ai réussi à faire brûler de l'eau une fois.

Sophie : Impressionnant ! Revenons à nos lasagnes. Tu prépares la béchamel pendant que je m'occupe de la sauce tomate ?

Julien : Affirmatif ! Et pour la tarte aux fruits, on utilise quels fruits ?

Sophie : J'ai des fraises et des pêches. On peut ajouter une touche de basilic frais pour un côté rafraîchissant. Ça te tente ?

Julien : Excellente idée ! En cuisine, l'improvisation est la clé. C'est parti pour une soirée culinaire mémorable !

"Culinary Passion Among Friends"

Context: Sophie and Julien, two friends with a love for cooking, meet in Sophie's kitchen to prepare a meal together.

Dialogues:

Sophie: Hi Julien! How about preparing a feast today?

Julien: Hi Sophie! Excellent idea. What do you have in mind?

Sophie: I thought of homemade lasagna followed by a fruit tart. Does that work for you?

Julien: Perfect! I love lasagna. Shall we start with the lasagna sheets?

Sophie: No, I've already got them ready-made. Let's save time. Let's talk about our favorite dishes instead. What's your ultimate dish?

Julien: Hmm, hard to say. I love pasta, but I'm also a fan of Asian dishes. How about you?

Sophie: I'm a fan of Mediterranean dishes. The flavors of olive oil, herbs, and tomatoes always transport me. You know, I have a funny story about a recipe gone wrong...

Julien: Tell us! We love culinary anecdotes.

Sophie: One day, I mixed up sugar and salt while making cookies. It was a rather salty taste surprise!

Julien: Haha, it happens to the best of us. I once managed to burn water.

Sophie: Impressive! Back to our lasagna. You prepare the béchamel while I take care of the tomato sauce?

Julien: Affirmative! And for the fruit tart, which fruits do we use?

Sophie: I have strawberries and peaches. We can add a touch of fresh basil for a refreshing twist. How does that sound?

Julien: Excellent idea! In the kitchen, improvisation is key. Let's make it a memorable culinary evening!

27 "Passion Footballistique entre Amis"

Contexte : Thomas et Camille, deux amis fervents de football, se retrouvent dans un bar pour discuter des derniers matchs, des équipes favorites et des moments marquants du monde du football.

Dialogues :

Thomas : Salut Camille ! As-tu vu le match hier soir ? C'était incroyable !

Camille : Salut Thomas ! Absolument, une fin de match palpitante. Cette équipe a vraiment du potentiel. Quelle est ta prévision pour le prochain match ?

Thomas : Difficile à dire, mais leur attaquant vedette est en grande forme. Il pourrait être le facteur décisif. Et toi, quelle équipe suis-tu de près ces jours-ci ?

Camille : Je suis vraiment impressionné par la performance d'une équipe locale. Leur jeu d'équipe est fantastique. Et ce jeune talent émergent, as-tu entendu parler de lui ?

Thomas : Oh oui, il a été la révélation de la saison. Les grands clubs vont sûrement se battre pour le recruter. Changeons de sujet. As-tu déjà assisté à un match en direct ?

Camille : Malheureusement non, mais c'est sur ma liste de choses à faire. L'ambiance dans le stade doit être électrique. Et toi ?

Thomas : Oui, j'ai eu la chance d'assister à quelques matchs. Rien ne bat le frisson du stade en effervescence. Parlons des Coupes internationales. Quelle équipe soutiens-tu ?

Camille : Eh bien, je suis fidèle à mon pays, mais j'apprécie aussi le style de jeu de certaines équipes étrangères. Et toi, ton pronostic pour le prochain championnat ?

Thomas : C'est difficile à dire, mais j'aime toujours encourager les underdogs. On pourrait voir des surprises passionnantes. En parlant de surprises, as-tu vu ce but incroyable le week-end dernier ?

Camille : Bien sûr ! C'était un chef-d'œuvre. Ces moments spéciaux font aimer encore plus ce sport. En tout cas, peu importe qui gagne, le football nous offre toujours une bonne dose d'émotions.

Thomas : Tout à fait, Camille. Que le meilleur gagne, et que la saison continue à nous émerveiller !

"Football Enthusiasm Among Friends"

Context: Thomas and Camille, two passionate football fans, meet in a bar to discuss the latest matches, favorite teams, and memorable moments in the world of football.

Dialogues:

Thomas: Hi Camille! Did you see the match last night? It was incredible!

Camille: Hi Thomas! Absolutely, a thrilling end to the game. This team really has potential. What's your prediction for the next match?

Thomas: Hard to say, but their star striker is in great form. He could be the decisive factor. And you, which team are you closely following these days?

Camille: I'm really impressed by the performance of a local team. Their teamwork is fantastic. And that emerging young talent, have you heard about him?

Thomas: Oh yes, he's been the revelation of the season. Big clubs will surely be fighting to sign him. Let's change the topic. Have you ever been to a live match?

Camille: Unfortunately not, but it's on my bucket list. The atmosphere in the stadium must be electric. And you?

Thomas: Yes, I've been fortunate to attend a few matches. Nothing beats the thrill of the buzzing stadium. Let's talk about international tournaments. Which team do you support?

Camille: Well, I'm loyal to my country, but I also appreciate the playing style of some foreign teams. And you, what's your prediction for the next championship?

Thomas: It's hard to say, but I always like to cheer for the underdogs. We might see some exciting surprises. Speaking of surprises, did you see that incredible goal last weekend?

Camille: Of course! It was a masterpiece. Those special moments make you love this sport even more. Anyway, no matter who wins, football always provides us with a good dose of emotions.

Thomas: Absolutely, Camille. May the best team win, and may the season continue to amaze us!

28 "Échange Engagé sur le Féminisme"

Contexte : Emma et Alex, deux amis, se retrouvent autour d'un café pour discuter du féminisme.

Dialogues :

Emma : Salut Alex ! J'ai récemment lu un article sur le féminisme et cela m'a vraiment fait réfléchir. Quelle est ta perspective sur le sujet ?

Alex : Salut Emma ! Le féminisme est une cause qui me tient à cœur. C'est important de l'aborder ouvertement. Qu'est-ce qui t'a interpellée dans l'article ?

Emma : Ils ont parlé des disparités salariales persistantes et des stéréotypes de genre qui perdurent. Cela me semble tellement injuste.

Alex : C'est malheureusement vrai. Les écarts salariaux et les stéréotypes sont des obstacles que les femmes doivent encore surmonter. Comment penses-tu qu'on puisse contribuer au changement ?

Emma : Éduquer les gens sur l'égalité des sexes et remettre en question les stéréotypes me semble essentiel. Mais parfois, je me demande si les mentalités changeront vraiment.

Alex : C'est compréhensible. Le changement peut être lent, mais chaque petite action compte. As-tu rencontré des défis liés au sexisme dans ta vie quotidienne ?

Emma : Oui, parfois au travail. Les commentaires déplacés et les attentes différentes peuvent être frustrants. Et toi ?

Alex : J'ai vu des situations similaires. C'est important que nous soyons des alliés et que nous nous soutenions mutuellement. Parlons des initiatives positives. Quelles actions positives as-tu observées récemment ?

Emma : J'ai vu de plus en plus d'entreprises adopter des politiques de non-discrimination et promouvoir la diversité. C'est un pas dans la bonne direction.

Alex : Absolument. Les petits progrès s'accumulent. Continuons ces conversations et soutenons le changement. Ensemble, nous pouvons faire la différence.

"Engaged Discussion on Feminism"

Context: Emma and Alex, two friends, meet over coffee to discuss feminism.

Dialogues:

Emma: Hi Alex! I recently read an article on feminism, and it really got me thinking. What's your perspective on the topic?

Alex: Hi Emma! Feminism is a cause close to my heart. It's important to openly address it. What caught your attention in the article?

Emma: They talked about persistent wage gaps and lingering gender stereotypes. It seems so unfair.

Alex: Unfortunately, it's true. Wage gaps and stereotypes are obstacles women still have to overcome. How do you think we can contribute to change?

Emma: Educating people about gender equality and challenging stereotypes seems crucial. But sometimes, I wonder if mindsets will really change.

Alex: That's understandable. Change can be slow, but every small action counts. Have you faced challenges related to sexism in your daily life?

Emma: Yes, sometimes at work. Inappropriate comments and different expectations can be frustrating. And you?

Alex: I've seen similar situations. It's important that we be allies and support each other. Let's talk about positive initiatives. What positive actions have you observed recently?

Emma: I've seen more and more companies adopting non-discrimination policies and promoting diversity. It's a step in the right direction.

Alex: Absolutely. Small progress adds up. Let's continue these conversations and support change. Together, we can make a difference.

29 "Échange Chaleureux sur l'Hiver"

Contexte : Pauline et Louis, deux amis, se retrouvent autour d'une tasse de chocolat chaud pour discuter de l'hiver. Ils partagent des souvenirs, parlent des activités hivernales préférées et expriment leur amour pour la saison froide.

Dialogues :

Pauline : Salut Louis ! Il fait vraiment froid aujourd'hui. J'adore cette fraîcheur hivernale. Et toi, comment tu trouves l'hiver jusqu'à présent ?

Louis : Salut Pauline ! J'aime l'hiver autant que toi. Les journées sont courtes, mais les nuits sont magiques avec toutes ces étoiles. Tu te souviens de nos descentes en luge l'année dernière ?

Pauline : Oh oui, c'était tellement amusant ! J'attends avec impatience la prochaine tempête de neige pour qu'on puisse réitérer cette expérience. Et peut-être même construire un bonhomme de neige géant !

Louis : Excellente idée ! On pourrait organiser une bataille de boules de neige aussi. Rien de mieux pour se sentir comme des enfants à nouveau.

Pauline : Tu as raison. L'hiver a ce pouvoir de ramener un peu de nostalgie joyeuse. Et puis, il y a quelque chose de réconfortant à s'emmitoufler dans une couverture chaude avec une tasse de thé.

Louis : Absolument. Les soirées d'hiver sont parfaites pour rester à l'intérieur, regarder des films et déguster des plats réconfortants. As-tu une activité hivernale favorite ?

Pauline : J'aime faire du patin à glace sur le lac gelé. Il y a quelque chose de magique à glisser sur la glace sous un ciel étoilé. Et toi ?

Louis : J'adore le ski. Ressentir la froideur de l'air en dévalant une pente enneigée, c'est une sensation indescriptible. Vivement les prochaines vacances à la montagne !

Pauline : D'accord avec toi. L'hiver a une beauté unique. Profitons-en au maximum. Vive l'hiver !

"Warm Winter Chat"

Context: Pauline and Louis, two friends, meet over a cup of hot chocolate to discuss winter. They share memories, talk about their favorite winter activities, and express their love for the cold season.

Dialogues:

Pauline: Hi Louis! It's really cold today. I love this winter chill. How about you? How do you find winter so far?

Louis: Hi Pauline! I love winter as much as you do. Days are short, but the nights are magical with all those stars. Do you remember our sledding adventures last year?

Pauline: Oh yes, that was so much fun! I'm looking forward to the next snowstorm so we can relive that experience. Maybe even build a giant snowman!

Louis: Excellent idea! We could have a snowball fight too. Nothing like feeling like kids again.

Pauline: You're right. Winter has this power to bring back some joyful nostalgia. And there's something comforting about wrapping up in a warm blanket with a cup of tea.

Louis: Absolutely. Winter evenings are perfect for staying indoors, watching movies, and enjoying comforting dishes. Do you have a favorite winter activity?

Pauline: I love ice skating on the frozen lake. There's something magical about gliding on the ice under a starry sky. And you?

Louis: I love skiing. Feeling the cold air rushing by as you descend a snowy slope is an indescribable sensation. Can't wait for the next mountain holiday!

Pauline: Totally agree. Winter has a unique beauty. Let's make the most of it. Cheers to winter!

30 "Échange Aromatique autour du Café"

Contexte : Clara et Pierre, deux amis passionnés de café, se retrouvent dans leur café préféré pour discuter de leur amour commun pour cette boisson.

Dialogues :

Clara : Salut Pierre ! Rien de tel qu'une bonne tasse de café pour commencer la journée. Quel type de café préfères-tu ?

Pierre : Salut Clara ! Absolument, le café est une nécessité matinale. J'adore les cafés corsés, mais j'aime aussi expérimenter avec des mélanges. Et toi ?

Clara : Je suis une inconditionnelle du café noir. La simplicité de son goût me fascine. Mais j'ai récemment essayé un café éthiopien avec des notes fruitées, c'était incroyable.

Pierre : Ça sonne délicieux ! J'aime aussi découvrir de nouveaux arômes. Parlons des méthodes de préparation. Utilises-tu une cafetière ou une méthode alternative ?

Clara : J'ai une cafetière à piston à la maison, mais j'aime aussi utiliser la méthode pour-over. Ça donne une tasse vraiment riche en saveurs. Et toi ?

Pierre : J'ai une machine espresso, c'est mon indispensable. Rien de mieux qu'un espresso bien corsé. Mais de temps en temps, j'apprécie un café à l'ancienne préparé avec une cafetière filtre.

Clara : Les espressos ont quelque chose de magique. Et l'atmosphère des cafés, tu ne la trouves pas inspirante ?

Pierre : Complètement d'accord. Il y a quelque chose d'apaisant à siroter son café tout en observant le monde autour. Des souvenirs de cafés mémorables ?

Clara : Oh, le café pris lors de notre voyage à Paris l'année dernière. Cette ambiance chaleureuse dans ce petit café au coin de la rue était inoubliable.

Pierre : Les cafés parisiens ont un charme unique. En parlant de ça, commandons une autre tasse et continuons à savourer notre passion commune.

"Aromatic Exchange about Coffee"

Context: Clara and Pierre, two coffee enthusiasts, meet at their favorite café to discuss their shared love for this beverage.

Dialogues:

Clara: Hi Pierre! There's nothing like a good cup of coffee to start the day. What type of coffee do you prefer?

Pierre: Hi Clara! Absolutely, coffee is a morning necessity. I love bold coffees, but I also enjoy experimenting with blends. How about you?

Clara: I'm a black coffee enthusiast. The simplicity of its taste fascinates me. But I recently tried an Ethiopian coffee with fruity notes, and it was amazing.

Pierre: That sounds delicious! I also love discovering new flavors. Let's talk about brewing methods. Do you use a coffee maker, or do you prefer alternative methods?

Clara: I have a French press at home, but I also enjoy using the pour-over method. It gives a cup that's really rich in flavors. And you?

Pierre: I have an espresso machine; it's my go-to. Nothing beats a strong espresso. But every now and then, I appreciate a classic drip coffee.

Clara: Espressos have something magical about them. And the atmosphere in coffee shops, don't you find it inspiring?

Pierre: Completely agree. There's something soothing about sipping your coffee while observing the world around. Any memories of memorable cafes?

Clara: Oh, the coffee we had during our trip to Paris last year. The warm ambiance in that little corner café was unforgettable.

Pierre: Parisian cafés have a unique charm. Speaking of that, let's order another cup and continue savoring our shared passion.

31 "Échange Convivial sur la Maison"

Contexte : Marie et Nicolas, un couple, se détendent dans leur salon et discutent de leur maison. Ils partagent des anecdotes sur leur déménagement, parlent des projets de décoration et expriment leur bonheur d'avoir un chez-soi accueillant.

Dialogues :

Marie : Salut Nicolas ! J'aime vraiment notre maison. Ça fait un moment depuis notre emménagement. Qu'est-ce qui te plaît le plus ici ?

Nicolas : Salut Marie ! La tranquillité de notre quartier et le fait que la maison soit spacieuse sont mes points préférés. J'apprécie aussi notre petit jardin.

Marie : Le quartier est vraiment paisible, et le jardin ajoute une touche spéciale. Te souviens- tu du jour où nous avons emménagé ?

Nicolas : Oh oui, c'était une journée mémorable. On a travaillé dur, mais ça valait la peine. Et depuis, chaque coin de cette maison a une histoire à raconter.

Marie : J'aime notre projet de décoration. Choisir les meubles ensemble et personnaliser chaque pièce a été amusant. Quelle pièce préfères-tu ?

Nicolas : J'adore le salon. C'est l'endroit où nous passons la plupart de notre temps ensemble. Les tons chauds et les œuvres d'art rendent l'atmosphère chaleureuse.

Marie : C'est vrai, le salon a une ambiance accueillante. Et puis, il y a tellement de bons souvenirs ici. Comme cette soirée entre amis.

Nicolas : Cette soirée était géniale. Notre maison a vu tant de moments heureux. C'est ce qui la rend spéciale.

Marie : Absolument. C'est notre petit coin de bonheur. Parlons des projets futurs. As-tu des idées pour la cuisine ?

Nicolas : Je pensais à une nouvelle couleur pour les murs et peut-être à des étagères flottantes. Qu'en penses-tu ?

Marie : J'adore l'idée ! Commençons à planifier. Notre maison est notre toile, et chaque changement la rend encore plus belle.

"Friendly Chat about Home"

Context: Marie and Nicolas, a couple, relax in their living room and discuss their home. They share anecdotes about their move, talk about decoration projects, and express their happiness about having a welcoming home.

Dialogues:

Marie: Hi Nicolas! I really love our home. It's been a while since we moved in. What do you like most about it?

Nicolas: Hi Marie! The tranquility of our neighborhood and the spaciousness of the house are my favorite aspects. I also appreciate our little garden.

Marie: The neighborhood is truly peaceful, and the garden adds a special touch. Do you remember the day we moved in?

Nicolas: Oh yes, it was a memorable day. We worked hard, but it was worth it. And since then, every corner of this house has a story to tell.

Marie: I love our decorating project. Choosing furniture together and personalizing each room has been fun. Which room is your favorite?

Nicolas: I love the living room. It's where we spend most of our time together. The warm tones and artworks make the atmosphere cozy.

Marie: True, the living room has a welcoming vibe. And there are so many good memories here. Like that evening with friends.

Nicolas: That evening was great. Our home has witnessed so many happy moments. That's what makes it special.

Marie: Absolutely. It's our little haven of happiness. Let's talk about future projects. Any ideas for the kitchen?

Nicolas: I was thinking of a new color for the walls and maybe some floating shelves. What do you think?

Marie: I love the idea! Let's start planning. Our home is our canvas, and every change makes it even more beautiful.

32 "Conversation Engagée sur l'Écologie"

Contexte : Élise et Thomas, deux amis soucieux de l'environnement, se retrouvent dans un parc pour discuter de l'écologie. Ils partagent leurs préoccupations, échangent des idées sur les gestes écologiques du quotidien et expriment leur engagement envers un mode de vie plus durable.

Dialogues :

Élise : Salut Thomas ! Ça fait un moment. J'ai récemment lu un article sur l'impact de nos habitudes sur l'environnement. Ça m'a vraiment interpellée. Et toi, qu'en penses-tu ?

Thomas : Salut Élise ! Je suis content que tu abordes le sujet. L'écologie est cruciale. On doit tous faire notre part. J'essaie de réduire ma consommation de plastique. C'est un petit pas, mais c'est important.

Élise : Exactement. Les petits gestes comptent. J'ai commencé à composter mes déchets organiques. C'est surprenant de voir la quantité de déchets qui peut être évitée. As-tu d'autres idées écologiques à partager ?

Thomas : Je pense à adopter des produits réutilisables autant que possible. Gourde, sacs en tissu, tout ça. Et tu sais, ça fait du bien de se déplacer à vélo de temps en temps. Moins de voiture, moins de pollution.

Élise : C'est une super initiative. Et parlons de nos choix alimentaires. Essayer de manger local et de saison, c'est bon pour la planète et pour la santé. Tu es d'accord ?

Thomas : Absolument. Soutenir les producteurs locaux et réduire notre empreinte carbone, c'est gagnant-gagnant. En parlant de ça, j'ai entendu parler d'une application qui permet de trouver des produits locaux. On devrait l'essayer.

Élise : Excellente idée ! Et peut-être que nous pourrions organiser une journée de sensibilisation à l'écologie dans le quartier. Éduquer les gens sur les petits changements qu'ils peuvent apporter.

Thomas : C'est une initiative géniale. Plus on sensibilise, plus on a de chances de voir des changements positifs. Merci d'être aussi engagée, Élise.

Élise : Merci à toi aussi, Thomas. Ensemble, nous pouvons faire une différence. Agissons pour notre planète !

"Engaged Conversation on Ecology"

Context: Elise and Thomas, two environmentally conscious friends, meet in a park to discuss ecology. They share their concerns, exchange ideas about daily eco-friendly actions, and express their commitment to a more sustainable lifestyle.

Dialogues:

Elise: Hi Thomas! It's been a while. I recently read an article about the impact of our habits on the environment. It really struck a chord with me. What are your thoughts on this?

Thomas: Hi Elise! I'm glad you brought it up. Ecology is crucial. We all need to do our part. I'm trying to reduce my plastic consumption. It's a small step, but an important one.

Elise: Exactly. Every little bit counts. I've started composting my organic waste. It's surprising to see how much waste can be avoided. Do you have other eco-friendly ideas to share?

Thomas: I'm thinking of adopting reusable products as much as possible. Water bottles, cloth bags, you name it. And you know, it feels good to cycle occasionally. Less car, less pollution.

Elise: That's a great initiative. And let's talk about our food choices. Trying to eat local and seasonal is good for the planet and for our health. Do you agree?

Thomas: Absolutely. Supporting local producers and reducing our carbon footprint is a win- win. Speaking of which, I heard about an app that helps find local products. We should give it a try.

Elise: Excellent idea! And maybe we could organize an ecology awareness day in the neighborhood. Educating people about small changes they can make.

Thomas: That's a fantastic initiative. The more awareness we raise, the more likely we are to see positive changes. Thank you for being so committed, Elise.

Elise: Thank you too, Thomas. Together, we can make a difference. Let's act for our planet!

33 "Discussion Inspirante sur l'Éducation"

Contexte : Sophie et Martin discutent des enjeux éducatifs contemporains.

Dialogues :

Sophie : Salut Martin ! Ça faisait longtemps. J'ai assisté à une conférence sur l'éducation la semaine dernière, et ça m'a vraiment fait réfléchir. Comment vois-tu l'éducation aujourd'hui ?

Martin : Salut Sophie ! L'éducation est plus que jamais au cœur des préoccupations. Je pense que nous devons encourager la créativité et l'esprit critique chez les élèves. C'est la clé pour les préparer à un monde en constante évolution.

Sophie : Tout à fait. Et que penses-tu de l'inclusion scolaire ? J'ai lu un article sur la nécessité de créer des environnements éducatifs où tous les élèves se sentent acceptés.

Martin : C'est une idée essentielle. L'inclusion favorise la diversité des idées et des perspectives. Chaque élève a quelque chose à apporter. On devrait encourager une éducation qui célèbre la différence.

Sophie : Je suis d'accord. J'ai rencontré un enseignant qui intègre des projets collaboratifs dans sa classe. Cela encourage la coopération plutôt que la compétition. Ça change vraiment la dynamique.

Martin : C'est une approche formidable. L'éducation devrait être un processus interactif. Parlons aussi de l'accès à l'éducation. Comment pouvons-nous nous assurer que tous les enfants ont les mêmes opportunités ?

Sophie : C'est une question cruciale. Investir dans des programmes éducatifs pour les communautés défavorisées et utiliser la technologie pour élargir l'accès à l'information sont des pistes intéressantes.

Martin : Absolument. L'éducation est un droit fondamental. Nous devrions travailler ensemble pour créer un monde où chaque enfant a la chance de réaliser son potentiel.

Sophie : En parlant de collaboration, organisons une séance de sensibilisation à l'éducation dans notre quartier. Impliquons les parents, les enseignants et les élèves dans le dialogue.

Martin : Excellente idée, Sophie ! L'éducation est l'affaire de tous. Ensemble, nous pouvons construire un avenir éducatif plus brillant.

"Inspiring Conversation on Education"

Context: Sophie and Martin, meet at a café to discuss contemporary educational issues.

Dialogues:

Sophie: Hi Martin! It's been a while. I attended a conference on education last week, and it really got me thinking. How do you see education today?

Martin: Hi Sophie! Education is more crucial than ever. I believe we need to encourage creativity and critical thinking in students. It's the key to preparing them for a constantly evolving world.

Sophie: Absolutely. And what do you think about inclusive education? I read an article about the need to create educational environments where all students feel accepted.

Martin: That's an essential idea. Inclusion promotes diversity of ideas and perspectives. Every student has something to contribute. We should encourage education that celebrates differences.

Sophie: I agree. I met a teacher who integrates collaborative projects into his class. It encourages cooperation rather than competition. It really changes the dynamics.

Martin: That's a fantastic approach. Education should be an interactive process. Let's also talk about access to education. How can we ensure that all children have equal opportunities?

Sophie: That's a crucial question. Investing in educational programs for disadvantaged communities and using technology to broaden access to information are interesting avenues.

Martin: Absolutely. Education is a fundamental right. We should work together to create a world where every child has the chance to realize their potential.

Sophie: Speaking of collaboration, let's organize an education awareness session in our neighborhood. Involve parents, teachers, and students in the dialogue.

Martin: Excellent idea, Sophie! Education is everyone's business. Together, we can build a brighter educational future.

34 "Échange Passionné sur le Tennis"

Contexte : Laura et Antoine, deux amis passionnés de tennis, se retrouvent au club de tennis local pour discuter de leur amour pour ce sport.

Dialogues :

Laura : Salut Antoine ! Ça fait longtemps. Comment se passe ton entraînement de tennis ?

Antoine : Salut Laura ! Ça va bien. L'entraînement intensif continue. J'ai amélioré mon revers, enfin, je l'espère. Et toi, comment se passe ta saison ?

Laura : Pas mal du tout. J'ai participé à un tournoi local le week-end dernier. Les matchs étaient serrés, mais j'ai réussi à me qualifier pour les demi-finales. C'était intense !

Antoine : Félicitations ! C'est génial d'entendre que tu progresses bien. Parlons de l'actualité du tennis. As-tu suivi les derniers résultats des grands tournois ?

Laura : Absolument. Djokovic a été incroyable à Wimbledon. Et chez les femmes, les jeunes joueuses sont en train de créer des surprises. Ça ajoute une nouvelle dynamique au tennis.

Antoine : Je suis d'accord. La compétition devient de plus en plus féroce. Et les tournois du Grand Chelem sont toujours imprévisibles. Quel est ton tournoi préféré ?

Laura : Roland Garros sans aucun doute. L'argile apporte un défi unique. Et toi ?

Antoine : Wimbledon a quelque chose de magique. L'herbe, les traditions, c'est spécial. Parlons un peu de nos joueurs préférés. Federer ou Nadal ?

Laura : C'est difficile, mais je dirais Nadal pour son style de jeu sur terre battue. Et toi ?

Antoine : Federer, pour sa classe sur le court. Ah, regarde, le prochain tournoi approche. Tu t'inscris ?

Laura : Bien sûr ! Rien de tel que la compétition pour améliorer son jeu. Allons réserver notre place. Que le meilleur gagne !

Antoine : Exactement ! Que la saison de tennis soit pleine de victoires et de moments mémorables.

"Passionate Exchange on Tennis"

Context: Laura and Antoine, two tennis enthusiasts, meet at the local tennis club to discuss their love for the sport.

Dialogues:

Laura: Hi Antoine! Long time no see. How's your tennis training going?

Antoine: Hi Laura! It's going well. The intensive training continues. I've improved my backhand, or at least I hope so. And how's your season going?

Laura: Not bad at all. I participated in a local tournament last weekend. The matches were tough, but I managed to qualify for the semifinals. It was intense!

Antoine: Congratulations! That's great to hear that you're progressing well. Let's talk about tennis news. Have you been following the latest results from the major tournaments?

Laura: Absolutely. Djokovic was amazing at Wimbledon. And in the women's category, the young players are causing surprises. It adds a new dynamic to tennis.

Antoine: I agree. The competition is getting fiercer. And the Grand Slam tournaments are always unpredictable. What's your favorite tournament?

Laura: Roland Garros without a doubt. The clay brings a unique challenge. And you?

Antoine: Wimbledon has something magical. The grass, the traditions, it's special. Let's talk a bit about our favorite players. Federer or Nadal?

Laura: It's tough, but I would say Nadal for his playing style on clay. And you?

Antoine: Federer, for his class on the court. Ah, look, the next tournament is approaching. Are you signing up?

Laura: Of course! Nothing beats competition to improve your game. Let's go reserve our spot. May the best player win!

Antoine: Exactly! May the tennis season be full of victories and memorable moments.

35 "Discussion Informative sur le Corps Humain"

Contexte : Emma et Pierre, deux amis curieux, se retrouvent dans un café pour discuter du corps humain. Ils partagent des informations intéressantes, discutent de la santé et de l'anatomie, et évoquent l'importance de prendre soin de leur bien-être physique.

Dialogues :

Emma : Salut Pierre ! J'ai lu un article fascinant sur le corps humain récemment. Savais-tu que le cœur moyen pompe environ 70 fois par minute ?

Pierre : Salut Emma ! Vraiment ? C'est impressionnant. Le corps humain est une merveille de la nature. Parle-moi d'autres faits intéressants.

Emma : Bien sûr. Savais-tu que les muscles les plus puissants du corps humain sont dans les jambes ? Cela explique pourquoi la marche et la course sont si efficaces pour rester en forme.

Pierre : Incroyable ! J'imagine que c'est pourquoi les athlètes concentrent souvent leur entraînement sur les jambes. Parlons de la santé. As-tu des conseils pour maintenir une bonne santé physique ?

Emma : Absolument. Outre l'exercice régulier, une alimentation équilibrée est essentielle. Les fruits, les légumes et une hydratation adéquate sont les clés d'une vie saine.

Pierre : Bon conseil. Et savais-tu que le corps humain a plus de 600 muscles ? C'est fou de penser à tout ce travail musculaire en cours.

Emma : C'est vrai. Chaque partie du corps a un rôle essentiel à jouer. Prendre soin de notre santé physique signifie également être attentif à nos émotions. Le bien-être mental influence le physique.

Pierre : Tu as raison. La santé globale est une combinaison de facteurs physiques et mentaux. Merci pour toutes ces informations, Emma. C'est vraiment captivant.

Emma : De rien, Pierre ! Le corps humain est une source infinie de découvertes. Continuons à apprendre et à prendre soin de nous-mêmes.

"Informative Discussion on the Human Body"

Context: Emma and Pierre, two curious friends, meet at a café to discuss the human body. They share interesting information, talk about health and anatomy, and emphasize the importance of taking care of their physical well-being.

Dialogues:

Emma: Hi Pierre! I read a fascinating article about the human body recently. Did you know that the average heart pumps about 70 times per minute?

Pierre: Hi Emma! Really? That's impressive. The human body is a marvel of nature. Tell me more interesting facts.

Emma: Of course. Did you know that the most powerful muscles in the human body are in the legs? That explains why walking and running are so effective for staying fit.

Pierre: Amazing! I imagine that's why athletes often focus their training on the legs. Let's talk about health. Do you have any tips for maintaining good physical health?

Emma: Absolutely. Besides regular exercise, a balanced diet is essential. Fruits, vegetables, and adequate hydration are the keys to a healthy life.

Pierre: Good advice. And did you know that the human body has over 600 muscles? It's mind-boggling to think about all that muscle work going on.

Emma: It's true. Each part of the body has a crucial role to play. Taking care of our physical health also means being mindful of our emotions. Mental well-being influences the physical.

Pierre: You're right. Overall health is a combination of physical and mental factors. Thanks for all this information, Emma. It's truly fascinating.

Emma: You're welcome, Pierre! The human body is an endless source of discoveries. Let's keep learning and taking care of ourselves.

36 "Conversation Branchée sur la Mode"

Contexte : Chloé et Thomas, deux amis passionnés de mode, se retrouvent dans un café branché pour discuter des dernières tendances et échanger des idées sur le style vestimentaire. Ils partagent des conseils, parlent de marques préférées, et discutent de l'importance de l'expression personnelle à travers la mode.

Dialogues :

Chloé : Salut Thomas ! J'adore ta tenue, elle est super stylée. Quelle est la dernière pièce que tu as ajoutée à ta garde-robe ?

Thomas : Salut Chloé ! Merci, tu es toujours au top niveau style. J'ai craqué pour une veste en jean vintage récemment. Les pièces rétro font un retour en force.

Chloé : Génial choix ! J'ai remarqué que les années 90 influencent beaucoup la mode en ce moment. Et toi, as-tu une marque préférée en ce moment ?

Thomas : Absolument, j'adore le style minimaliste d'Everlane. Des vêtements de qualité et éthiques. C'est important pour moi. Et toi, des marques coup de cœur ?

Chloé : J'aime beaucoup les créations locales. Il y a tellement de talent dans notre ville. Et je suis fan des accessoires faits à la main. Ils ajoutent une touche unique à n'importe quelle tenue.

Thomas : Tu as raison. La mode devrait être une expression de soi. Parlons des couleurs. Quelle est la couleur qui domine ta garde-robe en ce moment ?

Chloé : Le vert olive est ma couleur du moment. Elle se marie bien avec tant d'autres teintes. Et toi ?

Thomas : Le bleu marine. Une couleur intemporelle et polyvalente. Changeons de sujet. As- tu des astuces pour rester tendance sans se ruiner ?

Chloé : Chiner dans les friperies est une excellente option. On peut dénicher des trésors à petits prix. Et tu, des astuces à partager ?

Thomas : Les soldes sont mes meilleures amies, haha. On peut trouver des pièces de créateurs à des prix plus abordables. C'est tout un art !

Chloé : Absolument. La mode est une aventure sans fin. Changeons le monde avec nos looks stylés, Thomas !

Thomas : Tout à fait, Chloé ! À une mode consciente et créative !

"Stylish Conversation on Fashion"

Context: Chloe and Thomas, two fashion enthusiasts, meet at a trendy café to discuss the latest trends and exchange ideas about clothing styles. They share tips, talk about favorite brands, and discuss the importance of personal expression through fashion.

Dialogues:

Chloe: Hi Thomas! I love your outfit, it's so stylish. What's the latest piece you added to your wardrobe?

Thomas: Hi Chloe! Thank you, you always have top-notch style. I recently got a vintage denim jacket. Retro pieces are making a strong comeback.

Chloe: Great choice! I've noticed that the '90s are influencing fashion a lot right now. How about you, any current favorite brand?

Thomas: Absolutely, I love the minimalist style of Everlane. Quality and ethical clothing. It's important to me. And you, any favorite brands?

Chloe: I really like local creations. There's so much talent in our city. And I'm a fan of handmade accessories. They add a unique touch to any outfit.

Thomas: You're right. Fashion should be a self-expression. Let's talk about colors. What's the dominant color in your wardrobe right now?

Chloe: Olive green is my current color. It pairs well with so many other shades. How about you?

Thomas: Navy blue. A timeless and versatile color. Let's change the subject. Any tips for staying stylish without breaking the bank?

Chloe: Thrifting in vintage stores is a great option. You can find treasures at affordable prices. And you, any tips to share?

Thomas: Sales are my best friends, haha. You can find designer pieces at more affordable prices. It's quite an art!

Chloe: Absolutely. Fashion is an endless adventure. Let's change the world with our stylish looks, Thomas!

Thomas: Totally, Chloe! To conscious and creative fashion!

37 "Échange Enrichissant sur la Culture"

Contexte : Amina et Malik, deux amis passionnés par la diversité culturelle, se retrouvent dans un café pour discuter de leurs expériences culturelles, échanger sur leurs traditions et partager des idées sur la manière dont la culture enrichit leur vie quotidienne.

Dialogues :

Amina : Salut Malik ! Comment se passe ta journée ? J'ai récemment découvert une exposition sur l'art traditionnel de différentes cultures. C'était incroyable !

Malik : Salut Amina ! Ma journée va bien, merci. Cette exposition sonne intéressante. J'adore comment l'art peut être une fenêtre sur d'autres mondes. Quelle culture t'a le plus marquée ?

Amina : Difficile à dire, mais récemment, j'ai plongé dans la richesse de la culture africaine. Leurs danses, leur musique, c'est captivant. Et toi, Malik, as-tu une tradition culturelle préférée ?

Malik : Je suis fasciné par la calligraphie arabe. C'est un art vraiment délicat. Je prends des cours pour l'apprendre. Parlons de cuisine. As-tu essayé un plat traditionnel récemment qui t'a marquée ?

Amina : Oh oui, j'ai goûté un plat marocain délicieux, le couscous. Les saveurs étaient incroyables. Et toi ?

Malik : J'ai essayé un plat indien, le biryani. Les épices étaient incroyables. Changeons de sujet. Comment incorpores-tu ta culture au quotidien ?

Amina : Je porte souvent des vêtements traditionnels et j'aime organiser des soirées où mes amis et moi partageons nos coutumes. Et toi, Malik ?

Malik : J'essaie de parler ma langue maternelle régulièrement et d'enseigner à mes enfants les traditions familiales. Il est important de transmettre notre héritage.

Amina : Absolument. La culture est comme un fil conducteur qui nous relie tous. Chaque élément apporte une nouvelle perspective.

Malik : Bien dit, Amina. C'est merveilleux de célébrer notre diversité culturelle. Continuons à apprendre les uns des autres.

"Enriching Exchange on Culture"

Context: Amina and Malik, two friends passionate about cultural diversity, meet at a café to discuss their cultural experiences, exchange thoughts on their traditions, and share ideas on how culture enriches their daily lives.

Dialogues:

Amina: Hi Malik! How's your day going? I recently discovered an exhibition on traditional art from different cultures. It was amazing!

Malik: Hi Amina! My day is going well, thank you. That exhibition sounds interesting. I love how art can be a window into other worlds. Which culture has impressed you the most?

Amina: Hard to say, but recently, I delved into the richness of African culture. Their dances, their music, it's captivating. And you, Malik, do you have a favorite cultural tradition?

Malik: I'm fascinated by Arabic calligraphy. It's a truly delicate art. I'm taking lessons to learn it. Let's talk about food. Have you tried a traditional dish recently that left an impression on you?

Amina: Oh yes, I tasted a delicious Moroccan dish, couscous. The flavors were incredible. How about you?

Malik: I tried an Indian dish, biryani. The spices were amazing. Let's change the topic. How do you incorporate your culture into your daily life?

Amina: I often wear traditional clothing, and I enjoy organizing gatherings where my friends and I share our customs. And you, Malik?

Malik: I try to speak my native language regularly and teach my children family traditions. It's important to pass on our heritage.

Amina: Absolutely. Culture is like a thread that connects us all. Each element brings a new perspective.

Malik: Well said, Amina. It's wonderful to celebrate our cultural diversity. Let's keep learning from each other.

38 "Voyage dans l'Égypte Ancienne"

Contexte : Sarah et Paul, deux amis passionnés d'histoire, visitent un musée consacré à l'Égypte ancienne. Ils discutent des artefacts fascinants, échangent des faits sur la civilisation égyptienne et partagent leur admiration pour l'ingéniosité de cette époque lointaine.

Dialogues :

Sarah : Salut Paul ! Quel musée incroyable, n'est-ce pas ? J'ai toujours été fascinée par l'Égypte ancienne. Regarde ces hiéroglyphes sur cette stèle !

Paul : Salut Sarah ! C'est impressionnant, non seulement la langue, mais aussi la manière dont ils ont préservé leur histoire. As-tu un aspect préféré de cette civilisation ?

Sarah : Difficile à dire, mais je suis toujours émerveillée par les pyramides. L'ingénierie pour les construire est incroyable. Et toi, Paul, as-tu un pharaon préféré ?

Paul : J'admire Akhenaton pour son approche unique de la religion. Le culte du soleil était une idée révolutionnaire à l'époque. Parlons de la momification. Ça te fascine aussi ?

Sarah : Absolument. La précision et le processus complexe sont étonnants. Imagine la croyance en la vie après la mort qui les motivait. Et les bijoux funéraires, tu en as vu de magnifiques ici.

Paul : C'est vrai. Les Égyptiens considéraient la mort comme une transition vers une nouvelle vie. Changeons de sujet. As-tu une idée sur la signification des amulettes que nous voyons ici ?

Sarah : Certaines étaient censées protéger contre le mal, d'autres apportaient chance et prospérité. C'est une manière intéressante de fusionner la spiritualité avec la vie quotidienne.

Paul : Tout à fait. L'Égypte ancienne a une façon unique de fusionner le spirituel et le matériel. Ce voyage dans le temps est une expérience inoubliable.

Sarah : Complètement d'accord. Imagine vivre à cette époque, découvrir de nouvelles choses chaque jour. Les Égyptiens ont laissé un héritage extraordinaire.

"Journey into Ancient Egypt"

Context: Sarah and Paul, two history enthusiasts, visit a museum dedicated to ancient Egypt. They discuss fascinating artifacts, exchange facts about the Egyptian civilization, and share their admiration for the ingenuity of that distant era.

Dialogues:

Sarah: Hi Paul! What an incredible museum, isn't it? I've always been fascinated by ancient Egypt. Look at these hieroglyphs on this stele!

Paul: Hi Sarah! It's impressive, not just the language, but also how they preserved their history. Do you have a favorite aspect of this civilization?

Sarah: Hard to say, but I'm always in awe of the pyramids. The engineering to build them is incredible. How about you, Paul, do you have a favorite pharaoh?

Paul: I admire Akhenaton for his unique approach to religion. The sun cult was a revolutionary idea at the time. Let's talk about mummification. Does that fascinate you too?

Sarah: Absolutely. The precision and complex process are astonishing. Imagine the belief in an afterlife that motivated them. And the funerary jewelry, have you seen the stunning pieces here?

Paul: True. The Egyptians viewed death as a transition to a new life. Let's change the topic. Do you have any idea about the meaning of the amulets we see here?

Sarah: Some were supposed to protect against evil, others brought luck and prosperity. It's an interesting way to merge spirituality with everyday life.

Paul: Exactly. Ancient Egypt has a unique way of blending the spiritual and the material. This journey through time is an unforgettable experience.

Sarah: Completely agree. Imagine living in that era, discovering new things every day. The Egyptians left an extraordinary legacy.

39 "Échange Passionné sur le Jardinage"

Contexte : Alice et Marc se retrouvent pour discuter de la nature.

Dialogues :

Alice : Salut Marc ! Bienvenue dans mon petit coin de verdure. J'ai ajouté quelques nouvelles plantes, tu les remarqueras peut-être.

Marc : Salut Alice ! Ton jardin est toujours aussi charmant. Ces fleurs colorées attirent l'attention. Qu'as-tu planté de nouveau ?

Alice : J'ai craqué pour des roses anciennes cette fois-ci. Leur parfum est incroyable. Et toi, des ajouts récents à ton jardin ?

Marc : J'ai opté pour des herbes aromatiques cette année. Rien de tel que du basilic frais dans la cuisine. Parlons de la saison. Comment gères-tu l'entretien en été ?

Alice : L'arrosage régulier est essentiel, surtout par temps chaud. Et j'ai installé quelques décorations pour attirer les papillons. Ça fonctionne bien.

Marc : Excellente idée. J'ai remarqué que tes tomates sont déjà bien formées. Des conseils pour une récolte réussie ?

Alice : Une exposition ensoleillée, un bon paillis, et tailler les feuilles inférieures. Ça favorise une croissance saine. Oh, j'ai aussi planté des légumes cette année.

Marc : Super ! Rien de tel que des légumes frais du jardin. Parlons compost. C'est un incontournable, n'est-ce pas ?

Alice : Absolument. C'est un moyen fantastique de nourrir le sol naturellement. J'ajoute régulièrement des déchets de cuisine et ça fonctionne à merveille. Et toi, comment va ton compost ?

Marc : Bien, mais j'essaie de trouver le bon équilibre entre les déchets verts et les déchets bruns. C'est un art en soi. Changeons de sujet. As-tu des projets futurs pour le jardin ?

Alice : J'aimerais créer un coin détente avec des plantes aromatiques. Un endroit paisible pour lire. Et toi ?

Marc : Je pense à une petite serre pour prolonger la saison de croissance. Un vrai défi, mais ça vaut le coup.

Alice : Absolument. Le jardinage est une aventure constante. Merci d'être venu partager cette passion, Marc !

Marc : Merci à toi, Alice ! Ton jardin est une source d'inspiration. À la prochaine récolte !

"Passionate Exchange on Gardening"

Context: Alice and Marc meet to discuss and share their passion for nature.

Dialogues:

Alice: Hi Marc! Welcome to my little green oasis. I've added some new plants; you might notice them.

Marc: Hi Alice! Your garden is as charming as ever. Those colorful flowers catch the eye. What have you planted recently?

Alice: I went for some antique roses this time. Their fragrance is incredible. How about you? Any recent additions to your garden?

Marc: I opted for aromatic herbs this year. There's nothing like fresh basil in the kitchen. Let's talk about the season. How do you manage maintenance in the summer?

Alice: Regular watering is essential, especially in hot weather. And I've set up some decorations to attract butterflies. It's working well.

Marc: Great idea. I noticed your tomatoes are already well-formed. Any tips for a successful harvest?

Alice: A sunny exposure, good mulching, and pruning the lower leaves. It promotes healthy growth. Oh, I've also planted some vegetables this year.

Marc: Fantastic! Nothing like fresh vegetables from the garden. Let's talk compost. It's a must, right?

Alice: Absolutely. It's a fantastic way to naturally nourish the soil. I regularly add kitchen waste, and it works wonders. How about your compost?

Marc: Good, but I'm trying to find the right balance between green and brown waste. It's an art in itself. Let's change the subject. Any future plans for the garden?

Alice: I'd like to create a relaxation corner with aromatic plants. A peaceful spot for reading. And you?

Marc: I'm thinking of a small greenhouse to extend the growing season. A real challenge, but it's worth it.

Alice: Absolutely. Gardening is a constant adventure. Thanks for coming to share this passion, Marc!

Marc: Thank you, Alice! Your garden is truly inspiring. Until the next harvest!

40 "Conversation sur les Instruments de Musique"

Contexte : Émilie et Antoine se retrouvent dans un magasin d'instruments.

Dialogues :

Émilie : Salut Antoine ! Quel plaisir de te voir ici. J'explorais les guitares acoustiques. Tu as un instrument favori en ce moment ?

Antoine : Salut Émilie ! Les guitares ont toujours une place spéciale pour moi. Mais récemment, j'ai été attiré par les sonorités chaleureuses des saxophones. As-tu appris un nouvel instrument récemment ?

Émilie : J'ai commencé à jouer du violoncelle. C'est tout un défi, mais j'adore le son profond. Parlons des pianos. Tu te rappelles quand nous avons découvert ce vieux piano dans la salle de musique de l'école ?

Antoine : Bien sûr ! C'était comme trouver un trésor caché. Les touches avaient une histoire à raconter. Et toi, as-tu des souvenirs liés à un instrument particulier ?

Émilie : Absolument. Mon grand-père jouait de la mandoline, et chaque fois qu'il en jouait, c'était comme un voyage dans le temps. Les instruments ont ce pouvoir, n'est-ce pas ?

Antoine : Tout à fait. Les vibrations d'un instrument peuvent toucher l'âme. Parlons de nos artistes préférés. Y a-t-il un musicien dont le jeu t'inspire particulièrement ?

Émilie : J'admire Yo-Yo Ma pour son art du violoncelle. Chaque note est une histoire. Et toi ?

Antoine : John Coltrane a une façon magique de jouer du saxophone. Ses improvisations sont une source d'inspiration constante. Changeons de sujet. Penses-tu acheter un nouvel instrument bientôt ?

Émilie : J'envisage de m'offrir un ukulélé. C'est petit, mais ça a un charme fou. Et toi, un nouvel ajout à ta collection ?

Antoine : Peut-être une flûte traversière. J'aime son timbre délicat. Ce serait un beau défi musical. En parlant de défis, as-tu un conseil pour les apprentis musiciens ?

Émilie : Patience et pratique. Chaque fausse note est une étape vers la maîtrise. Et toi, Antoine, un conseil à partager ?

Antoine : Écoutez une variété de genres musicaux. L'inspiration peut venir de n'importe où.

Émilie : Bien dit, Antoine. La musique est un langage universel. Passons à l'essai de ces instruments.

"Conversation on Musical Instruments"

Context: Emilie and Antoine meet in a music store.

Dialogues:

Emilie: Hi Antoine! So great to see you here. I was exploring acoustic guitars. Do you have a favorite instrument at the moment?

Antoine: Hi Emilie! Guitars always hold a special place for me. But recently, I've been drawn to the warm tones of saxophones. Have you learned a new instrument recently?

Emilie: I started playing the cello. It's quite a challenge, but I love the deep sound. Let's talk about pianos. Do you remember when we discovered that old piano in the school music room?

Antoine: Of course! It was like finding a hidden treasure. The keys had a story to tell. How about you? Any memories associated with a particular instrument?

Emilie: Absolutely. My grandfather played the mandolin, and every time he played, it was like a journey through time. Instruments have that power, don't they?

Antoine: Indeed. The vibrations of an instrument can touch the soul. Let's talk about our favorite artists. Is there a musician whose playing particularly inspires you?

Emilie: I admire Yo-Yo Ma for his cello artistry. Each note is a story. And you?

Antoine: John Coltrane has a magical way of playing the saxophone. His improvisations are a constant source of inspiration. Let's change the subject. Are you thinking of buying a new instrument soon?

Emilie: I'm considering getting a ukulele. It's small but has a lot of charm. And you, any new addition to your collection?

Antoine: Perhaps a flute. I love its delicate tone. It would be a beautiful musical challenge. Speaking of challenges, do you have advice for aspiring musicians?

Emilie: Patience and practice. Every wrong note is a step toward mastery. And you, Antoine, any advice to share?

Antoine: Listen to a variety of musical genres. Inspiration can come from anywhere.

Emilie: Well said, Antoine. Music is a universal language. Let's try out these instruments.

41 "Discussion Gourmande sur l'Alimentation"

Contexte : Camille et Thomas, deux amis amateurs de cuisine, se retrouvent dans un café pour discuter de leurs préférences alimentaires, échanger des recettes et partager leurs expériences culinaires récentes.

Dialogues :

Camille : Salut Thomas ! Ça faisait longtemps. Tu as déjà essayé le plat du jour ici ? Il paraît délicieux.

Thomas : Salut Camille ! Non, mais j'ai entendu dire que leur risotto est incroyable. Parlons de nos préférences alimentaires. As-tu découvert quelque chose de nouveau récemment ?

Camille : J'ai essayé une recette végétarienne de curry de pois chiches. C'était étonnamment savoureux. Et toi, toujours fan de plats épicés ?

Thomas : Absolument. Rien de tel qu'une bonne dose de piment. Parlons desserts. As-tu une pâtisserie préférée en ce moment ?

Camille : Les macarons sont mes péchés mignons du moment. Leur texture légère et leurs saveurs variées sont irrésistibles. Et toi, quelque chose à recommander ?

Thomas : J'ai découvert un petit café qui sert un gâteau au chocolat fondant. Un pur délice. Changeons de sujet. As-tu des astuces pour maintenir un équilibre alimentaire sain ?

Camille : Je prépare des repas équilibrés à l'avance pour la semaine. Cela évite les tentations de fast-food. Et toi, Thomas, comment gardes-tu une alimentation équilibrée ?

Thomas : Je privilégie les produits locaux autant que possible. C'est bon pour la santé et pour l'environnement. Parlons de cuisine internationale. Y a-t-il une cuisine que tu aimerais explorer davantage ?

Camille : La cuisine asiatique m'intrigue. Les saveurs et les techniques de cuisson sont si diverses. Et toi, Thomas ?

Thomas : J'aimerais approfondir mes connaissances en cuisine méditerranéenne. Les plats sont souvent simples mais pleins de saveurs. En parlant de saveurs, as-tu un plat réconfortant préféré ?

Camille : Un bon risotto crémeux est toujours réconfortant pour moi. Et toi ?

Thomas : Un curry épicé réchauffe toujours mon cœur. Merci de partager ces délices, Camille.

Camille : Merci à toi, Thomas. À la prochaine aventure culinaire !

"Gourmet Conversation on Food"

Context: Camille and Thomas, two food enthusiasts, meet in a café to discuss their food preferences, exchange recipes, and share recent culinary experiences.

Dialogues:

Camille: Hi Thomas! Long time no see. Have you tried today's special here? It's supposed to be delicious.

Thomas: Hi Camille! No, but I heard their risotto is incredible. Let's talk about our food preferences. Have you discovered anything new recently?

Camille: I tried a vegetarian recipe for chickpea curry. It was surprisingly flavorful. And you, still a fan of spicy dishes?

Thomas: Absolutely. Nothing like a good dose of chili. Let's talk desserts. Do you have a favorite pastry at the moment?

Camille: Macarons are my current guilty pleasure. Their light texture and various flavors are irresistible. How about you? Anything to recommend?

Thomas: I found a little café that serves a moist chocolate cake. Pure delight. Let's change the subject. Do you have tips for maintaining a healthy diet?

Camille: I prepare balanced meals in advance for the week. It avoids the temptation of fast food. And you, Thomas, how do you maintain a balanced diet?

Thomas: I prioritize local products as much as possible. It's good for health and the environment. Let's talk international cuisine. Is there a cuisine you would like to explore more?

Camille: Asian cuisine intrigues me. The flavors and cooking techniques are so diverse. And you, Thomas?

Thomas: I would like to deepen my knowledge of Mediterranean cuisine. The dishes are often simple but full of flavors. Speaking of flavors, do you have a favorite comfort food?

Camille: A good creamy risotto is always comforting for me. And you?

Thomas: A spicy curry always warms my heart. Thanks for sharing these delights, Camille.

Camille: Thank you, Thomas. Until the next culinary adventure!

42 "Échange Florissant sur les Fleurs"

Contexte : Margaux et Hugo, deux amis passionnés de jardinage, se promènent dans un parc floral.

Dialogues :

Margaux : Salut Hugo ! Ce parc est magnifique, n'est-ce pas ? Les couleurs des fleurs sont éblouissantes. As-tu une fleur préférée ici ?

Hugo : Salut Margaux ! Difficile de choisir, mais les roses sont toujours mes préférées. Leurs pétales délicats sont irrésistibles. Et toi, quelle fleur attire ton attention ?

Margaux : J'adore les pivoines. Leur éclatante simplicité me fascine. Parlons jardinage. As-tu des astuces pour faire pousser de belles fleurs ?

Hugo : Un sol bien drainé est essentiel, et ne pas oublier l'arrosage régulier. Oh, regarde ces tulipes multicolores. Elles ajoutent une touche de magie.

Margaux : Absolument. Les tulipes apportent toujours de la joie. Parlons de symboles. Savais-tu que chaque fleur a sa signification ? Par exemple, le lys symbolise la pureté.

Hugo : C'est intéressant. Les fleurs ont une langue silencieuse. Oh, j'ai planté des lavandes dans mon jardin. Leur parfum est apaisant.

Margaux : Les lavandes sont un excellent choix. Elles attirent également les abeilles. Parlons de projets futurs. As-tu prévu d'ajouter de nouvelles fleurs à ton jardin ?

Hugo : Je pense à planter des hortensias. Leurs grosses inflorescences sont tellement belles. Et toi, des projets floraux en tête ?

Margaux : Je vais créer un coin de papillons avec des fleurs qui les attirent. Les voir virevolter dans le jardin serait magique. Changeons de sujet. Quelle est la fleur qui te rappelle des souvenirs spéciaux ?

Hugo : La jonquille me ramène à mon enfance. Ma grand-mère en avait planté autour de sa maison. C'était un spectacle éclatant au printemps.

Margaux : Les souvenirs liés aux fleurs sont si précieux. Merci de partager cette balade florale, Hugo.

Hugo : Merci à toi, Margaux. Les fleurs rendent la vie plus belle.

"Blooming Exchange on Flowers"

Context: Margaux and Hugo, two gardening enthusiasts, stroll through a flower park.

Dialogues:

Margaux: Hi Hugo! This park is gorgeous, isn't it? The colors of the flowers are dazzling. Do you have a favorite flower here?

Hugo: Hi Margaux! Hard to choose, but roses are always my favorites. Their delicate petals are irresistible. How about you? What flower catches your eye?

Margaux: I love peonies. Their radiant simplicity fascinates me. Let's talk about gardening. Do you have tips for growing beautiful flowers?

Hugo: Well-drained soil is essential, and don't forget regular watering. Oh, look at those multicolored tulips. They add a touch of magic.

Margaux: Absolutely. Tulips always bring joy. Let's talk about symbols. Did you know that each flower has its meaning? For example, the lily symbolizes purity.

Hugo: That's interesting. Flowers have a silent language. Oh, I planted lavender in my garden. Their scent is soothing.

Margaux: Lavenders are an excellent choice. They also attract bees. Let's talk about future projects. Are you planning to add new flowers to your garden?

Hugo: I'm thinking of planting hydrangeas. Their big inflorescences are so beautiful. And you, any floral projects in mind?

Margaux: I'm creating a butterfly corner with flowers that attract them. Seeing them flutter in the garden would be magical. Let's change the subject. What flower reminds you of special memories?

Hugo: Daffodils take me back to my childhood. My grandmother had planted them around her house. It was a vibrant spectacle in spring.

Margaux: Memories associated with flowers are so precious. Thank you for sharing this floral stroll, Hugo.

Hugo: Thank you, Margaux. Flowers make life more beautiful.

43 "Échange Littéraire Passionnant"

Contexte : Léa et Gabriel, deux amis fervents de lecture, se retrouvent dans une librairie. Ils discutent de leurs livres préférés, partagent des recommandations et expriment leur amour commun pour la lecture.

Dialogues :

Léa : Salut Gabriel ! C'est toujours un plaisir de se plonger dans les rayons de cette librairie. As-tu découvert quelque chose d'intéressant récemment ?

Gabriel : Salut Léa ! Absolument, j'ai trouvé un nouveau roman de science-fiction qui a de superbes critiques. Et toi, quel est ton genre de prédilection en ce moment ?

Léa : J'ai été plongée dans des romans historiques ces derniers temps. L'immersion dans le passé me captive. Parlons de nos auteurs favoris. As-tu un écrivain que tu suis de près ?

Gabriel : Haruki Murakami est toujours en tête de ma liste. Sa manière de mêler réalité et fantastique me fascine. Et toi, une plume préférée ?

Léa : J'admire beaucoup Chimamanda Ngozi Adichie pour ses récits puissants et engagés. Elle a une voix littéraire unique. Changeons de sujet. As-tu un endroit préféré pour lire ?

Gabriel : Un bon vieux fauteuil avec une tasse de café à portée de main est mon coin de lecture idéal. Parlons de découvertes littéraires. As-tu lu quelque chose qui t'a vraiment marquée récemment ?

Léa : "Les Mille Autumns de Jacob de Zoet" de David Mitchell. C'est une aventure épique qui m'a transportée. Et toi, une lecture marquante ?

Gabriel : "L'Écume des Jours" de Boris Vian m'a laissé sans voix. Une œuvre poétique et déchirante. Parlons de notre pile à lire. Quels livres as-tu prévu de lire prochainement ?

Léa : "La Servante écarlate" de Margaret Atwood est en haut de ma liste. Son univers dystopique me fascine depuis un moment. Et toi, des projets de lecture ?

Gabriel : "Les Enfants de la Terre" de Jean M. Auel est dans ma liste à lire depuis longtemps. Il est temps de s'y plonger. Merci de partager cette passion pour la lecture, Léa.

Léa : Merci à toi, Gabriel. Les livres rendent nos vies plus riches.

"Enthralling Literary Exchange"

Context: Léa and Gabriel, two avid readers, meet in a bookstore. They discuss their favorite books, share recommendations, and express their mutual love for reading.

Dialogues:

Léa: Hi Gabriel! It's always a pleasure to delve into the aisles of this bookstore. Have you discovered something interesting recently?

Gabriel: Hi Léa! Absolutely, I found a new science fiction novel with great reviews. And you, what genre are you into these days?

Léa: I've been immersed in historical novels lately. The immersion into the past captivates me. Let's talk about our favorite authors. Do you have a writer you closely follow?

Gabriel: Haruki Murakami is always at the top of my list. His way of blending reality and fantasy fascinates me. How about you, a favorite literary voice?

Léa: I greatly admire Chimamanda Ngozi Adichie for her powerful and engaged narratives. She has a unique literary voice. Let's change the subject. Do you have a favorite place to read?

Gabriel: A good old armchair with a cup of coffee within reach is my ideal reading nook. Let's talk about literary discoveries. Have you read something that has truly left an impact on you recently?

Léa: "The Thousand Autumns of Jacob de Zoet" by David Mitchell. It's an epic adventure that transported me. How about you, a memorable read?

Gabriel: "Mood Indigo" by Boris Vian left me speechless. A poetic and heartbreaking work. Let's talk about our to-be-read pile. What books are you planning to read soon?

Léa: "The Handmaid's Tale" by Margaret Atwood is at the top of my list. Her dystopian world has fascinated me for a while. How about you, any reading plans?

Gabriel: "The Clan of the Cave Bear" by Jean M. Auel has been on my to-read list for a long time. It's time to dive into it. Thank you for sharing this passion for reading, Léa.

Léa: Thank you, Gabriel. Books make our lives richer.

44 "Discussion Inspirante sur l'Entrepreneuriat"

Contexte : Sarah et Alex, deux amis passionnés d'entrepreneuriat, se retrouvent dans un café pour discuter de leurs projets, partager des conseils et échanger sur les défis et les réussites de leur parcours entrepreneurial.

Dialogues :

Sarah : Salut Alex ! Ça fait un moment. Comment se passe ton projet entrepreneurial en ce moment ?

Alex : Salut Sarah ! Ça va bien, merci. On a franchi une étape importante le mois dernier. Notre produit a reçu des éloges lors d'une exposition locale. Et toi, comment évolue ta startup ?

Sarah : C'est génial, félicitations ! Nous sommes en train de finaliser notre site web et de peaufiner notre stratégie de lancement. Parlons des défis. Quel aspect de l'entrepreneuriat t'a posé le plus de défis récemment ?

Alex : La gestion du temps a été un défi constant. Jongler entre les aspects opérationnels et créatifs est exigeant. Comment tu gères cela de ton côté ?

Sarah : Je comprends. L'organisation stricte et la délégation sont essentielles. Cela me permet de me concentrer sur les aspects stratégiques. Changeons de sujet. As-tu des lectures sur l'entrepreneuriat à recommander ?

Alex : "Lean Startup" d'Eric Ries a été une lecture transformative pour moi. Il offre une approche pragmatique du développement d'une entreprise. Et toi, une lecture qui t'a inspirée ?

Sarah : "Créer sa boîte pour les Nuls" de Véronique Bessière. C'est un guide pratique avec des conseils concrets. Parlons des succès. Quelle réalisation récente de ton entreprise t'a le plus fière ?

Alex : Nous avons récemment signé un partenariat avec une grande entreprise locale. C'est une reconnaissance significative de notre travail. Et toi, des moments de fierté à partager ?

Sarah : Nous avons remporté un concours d'innovation la semaine dernière. C'était une validation fantastique de notre concept. Merci de partager cette discussion inspirante, Alex.

Alex : Merci à toi, Sarah. On continue à s'inspirer mutuellement dans cette aventure entrepreneuriale.

"Inspiring Entrepreneurial Discussion"

Context: Sarah and Alex, two passionate entrepreneurs, meet at a café to discuss their projects, share advice, and exchange thoughts on the challenges and successes of their entrepreneurial journey.

Dialogues:

Sarah: Hi Alex! It's been a while. How's your entrepreneurial project going these days?

Alex: Hi Sarah! It's going well, thank you. We reached a significant milestone last month. Our product received acclaim at a local exhibition. And how about your startup? How is it progressing?

Sarah: That's fantastic, congratulations! We're finalizing our website and fine-tuning our launch strategy. Let's talk about challenges. What aspect of entrepreneurship has posed the most challenges for you recently?

Alex: Time management has been a constant challenge. Juggling between operational and creative aspects is demanding. How do you handle that on your end?

Sarah: I understand. Strict organization and delegation are crucial. It allows me to focus on strategic aspects. Let's change the subject. Any entrepreneurial readings you would recommend?

Alex: "Lean Startup" by Eric Ries has been a transformative read for me. It provides a pragmatic approach to building a business. How about you? Any reading that inspired you?

Sarah: "Starting a Business For Dummies" by Véronique Bessière. It's a practical guide with concrete advice. Let's talk about successes. What recent accomplishment of your company are you most proud of?

Alex: We recently secured a partnership with a large local company. It's a significant recognition of our work. And you, any moments of pride to share?

Sarah: We won an innovation competition last week. It was fantastic validation of our concept. Thank you for sharing this inspiring discussion, Alex.

Alex: Thank you, Sarah. We keep inspiring each other in this entrepreneurial journey.

45 "Échange Énergique sur la Gymnastique"

Contexte : Emma et Lucas sont deux passionnés de gymnastique, se retrouvent après leur entraînement pour discuter de leurs routines, partager des conseils et évoquer leurs expériences dans le monde de la gymnastique.

Dialogues :

Emma : Salut Lucas ! Comment s'est passé ton entraînement aujourd'hui ?

Lucas : Salut Emma ! Intense comme d'habitude, mais j'adore ça. Comment était le tien ?

Emma : Épuisant, mais gratifiant. J'essaie de perfectionner ma routine au sol. Parlons des défis. Quel élément de la gymnastique t'a récemment posé le plus de défis ?

Lucas : Les barres asymétriques. La coordination requise est incroyable. Et toi, des mouvements qui te donnent du fil à retordre ?

Emma : La poutre, sans aucun doute. L'équilibre est crucial, mais je travaille dur pour le maîtriser. Changeons de sujet. As-tu des conseils pour améliorer la flexibilité ?

Lucas : Les étirements réguliers sont essentiels. Le yoga peut également aider. Parlons des compétitions. As-tu une compétition à laquelle tu te prépares en ce moment ?

Emma : Oui, les championnats régionaux approchent. C'est excitant et stressant à la fois. Et toi, des objectifs compétitifs ?

Lucas : Je vise à améliorer mes performances au saut de cheval. Plus de hauteur et de précision. Parlons de nos modèles. As-tu une gymnaste que tu admires particulièrement ?

Emma : Simone Biles est une source d'inspiration constante. Son talent et sa force mentale sont incroyables. Et toi, un modèle dans le monde de la gymnastique ?

Lucas : J'admire beaucoup Kohei Uchimura pour sa grâce et son excellence technique. Parlons de nos moments mémorables. Quel moment dans ta carrière de gymnaste te rend le plus fier ?

Emma : Remporter la médaille d'or aux championnats nationaux l'année dernière. C'était un moment indescriptible. Et toi, un moment dont tu te souviens avec fierté ?

Lucas : Participer aux Jeux Olympiques juniors a été le point culminant jusqu'à présent. Une expérience inoubliable. Merci de partager ces moments de gymnastique, Emma.

Emma : Merci à toi, Lucas. La gymnastique nous offre tellement de défis et de joies.

"Energetic Exchange on Gymnastics"

Context: Emma and Lucas, two gymnastics enthusiasts, meet after their training to discuss their routines, share tips, and talk about their experiences in the world of gymnastics.

Dialogues:

Emma: Hi Lucas! How was your training today?

Lucas: Hi Emma! Intense as usual, but I love it. How was yours?

Emma: Exhausting but rewarding. I'm trying to perfect my floor routine. Let's talk about challenges. What element of gymnastics has recently posed the most challenges for you?

Lucas: Uneven bars. The required coordination is incredible. And you, any moves giving you a hard time?

Emma: Definitely the beam. Balance is crucial, but I'm working hard to master it. Let's change the subject. Any tips for improving flexibility?

Lucas: Regular stretching is essential. Yoga can also help. Let's talk about competitions. Are you preparing for any competition right now?

Emma: Yes, the regional championships are approaching. It's exciting and stressful at the same time. And you, any competitive goals?

Lucas: I aim to improve my performance in vault. More height and precision. Let's talk about role models. Do you have a gymnast you particularly admire?

Emma: Simone Biles is a constant source of inspiration. Her talent and mental strength are incredible. And you, a role model in the gymnastics world?

Lucas: I greatly admire Kohei Uchimura for his grace and technical excellence. Let's talk about memorable moments. What moment in your gymnastics career makes you the proudest?

Emma: Winning the gold medal at the national championships last year. It was an indescribable moment. And you, a moment you remember with pride?

Lucas: Participating in the Junior Olympic Games was the highlight so far. An unforgettable experience. Thank you for sharing these gymnastics moments, Emma.

Emma: Thank you, Lucas. Gymnastics offers us so many challenges and joys.

46 "Discussion Décontractée sur la Météo"

Contexte : Marie et Paul, deux amis, se retrouvent dans un café pour discuter du temps qu'il fait, partager des impressions sur les saisons, et planifier leurs activités en fonction des prévisions météorologiques.

Dialogues :

Marie : Salut Paul ! Quel temps magnifique aujourd'hui, n'est-ce pas ?

Paul : Salut Marie ! Absolument, le soleil brille, et le ciel est d'un bleu éclatant. Ça change des jours de pluie. As-tu regardé la météo ce matin ?

Marie : Oui, les prévisions annoncent une semaine ensoleillée. C'est le moment idéal pour organiser une sortie au parc. Qu'en dis-tu ?

Paul : Excellente idée ! Un pique-nique au parc serait parfait. Et toi, tu préfères quelles saisons en général ?

Marie : J'aime l'automne pour ses couleurs chaudes, mais l'été a une énergie particulière. Et toi ?

Paul : L'été sans hésiter. Les journées plus longues et les températures agréables sont idéales. Parlons des activités en fonction du temps. Qu'aimes-tu faire par temps ensoleillé ?

Marie : Une randonnée ou une journée à la plage sont mes préférences. Et toi ?

Paul : J'adore le vélo, surtout par temps clair. Changeons de sujet. As-tu déjà vécu une tempête mémorable ?

Marie : Oui, une tempête de neige l'hiver dernier. Les paysages étaient magnifiques, mais les routes étaient impraticables. Et toi ?

Paul : Une tempête électrique qui a éclaté pendant une soirée d'été. Spectaculaire, mais un peu effrayant. Parlons des changements climatiques. As-tu remarqué des changements dans le climat de notre région ?

Marie : Oui, les hivers semblent plus doux, et les étés plus chauds. C'est inquiétant. Il est important de prendre des mesures pour protéger notre planète. Et toi, qu'en penses-tu ?

Paul : Je suis d'accord. La préservation de l'environnement est cruciale. Chacun doit faire sa part. Merci pour cette discussion météo, Marie.

Marie : Merci à toi, Paul. À la prochaine, et espérons que le temps sera clément pour notre pique-nique.

"Casual Weather Chat"

Context: Marie and Paul, two friends, meet at a café to discuss the weather, share impressions about the seasons, and plan their activities based on the weather forecasts.

Dialogues:

Marie: Hi Paul! What beautiful weather today, isn't it?

Paul: Hi Marie! Absolutely, the sun is shining, and the sky is brilliantly blue. Quite a change from the rainy days. Did you check the weather this morning?

Marie: Yes, the forecast predicts a sunny week. It's the perfect time to plan an outing to the park. What do you think?

Paul: Excellent idea! A picnic in the park would be perfect. And you, which seasons do you generally prefer?

Marie: I love autumn for its warm colors, but summer has a special energy. And you?

Paul: Summer without a doubt. Longer days and pleasant temperatures are ideal. Let's talk about weather-dependent activities. What do you like to do on sunny days?

Marie: Hiking or a day at the beach are my preferences. And you?

Paul: I love cycling, especially in clear weather. Let's change the subject. Have you ever experienced a memorable storm?

Marie: Yes, a snowstorm last winter. The landscapes were beautiful, but the roads were impassable. And you?

Paul: A thunderstorm that broke out during a summer evening. Spectacular but a bit frightening. Let's talk about climate change. Have you noticed any changes in the climate of our region?

Marie: Yes, winters seem milder, and summers hotter. It's concerning. It's important to take measures to protect our planet. What about you, what are your thoughts?

Paul: I agree. Environmental preservation is crucial. Everyone should do their part. Thank you for this weather chat, Marie.

Marie: Thank you, Paul. Until next time, and hopefully the weather will be favorable for our picnic.

47 "Passion Cinéphile : Films Récents"

Contexte : Alice et Thomas, deux amis cinéphiles, se retrouvent dans un café pour discuter des films récents qu'ils ont vus, partager leurs recommandations, et échanger sur les tendances cinématographiques du moment.

Dialogues :

Alice : Salut Thomas ! Ça fait longtemps. Quels films as-tu regardés récemment ?

Thomas : Salut Alice ! En effet, ça fait un moment. J'ai vu "The Midnight Mirage" et "Lost Echoes." Deux thrillers captivants. Et toi, des découvertes cinématographiques ?

Alice : "The Midnight Mirage" est sur ma liste ! J'ai plutôt opté pour "Whispers in the Wind." Une histoire poignante. Thomas, tu devrais le voir.

Thomas : Noté ! On dirait que les thrillers ont la cote ces temps-ci. As-tu remarqué une tendance particulière dans les films récents ?

Alice : Absolument. Beaucoup de films mettent en avant des thèmes sociaux et des histoires humaines profondes. Ça donne matière à réflexion. Et toi, qu'en penses-tu ?

Thomas : Tout à fait d'accord. Les réalisateurs explorent des sujets plus nuancés, et cela se reflète dans les performances des acteurs. Changeons de registre. As-tu une scène de film récente qui t'a marquée ?

Alice : La scène finale de "Whispers in the Wind" m'a vraiment émue. Une puissante déclaration sur l'amour et la perte. Et toi, des moments marquants ?

Thomas : La séquence d'ouverture de "Lost Echoes" était incroyablement bien réalisée. Elle pose immédiatement l'atmosphère du film. Parlons des sorties à venir. Y a-t-il un film que tu attends avec impatience ?

Alice : "Beyond the Stars." La bande-annonce est intrigante, et j'adore le casting. Et toi ?

Thomas : "Echoes of Tomorrow." La science-fiction me fascine toujours. On devrait organiser une soirée ciné bientôt.

Alice : Excellente idée ! On peut aussi inclure quelques classiques. Merci pour cette discussion cinéphile, Thomas.

Thomas : Merci à toi, Alice. À bientôt pour une soirée pleine de films !

"Cinephile Passion: Recent Films"

Context: Alice and Thomas, two movie enthusiasts, meet in a cafe to discuss recent films they've watched, share recommendations, and exchange thoughts on current cinematic trends.

Dialogues:

Alice: Hi Thomas! It's been a while. What movies have you watched recently?

Thomas: Hi Alice! Indeed, it's been a while. I watched "The Midnight Mirage" and "Lost Echoes." Two captivating thrillers. How about you? Any cinematic discoveries?

Alice: "The Midnight Mirage" is on my list! I opted for "Whispers in the Wind." A poignant story. Thomas, you should see it.

Thomas: Noted! It seems like thrillers are trending these days. Have you noticed any particular trend in recent films?

Alice: Absolutely. Many films highlight social themes and deep human stories. It gives us something to think about. What are your thoughts?

Thomas: Completely agree. Filmmakers are exploring more nuanced subjects, and it reflects in the actors' performances. Let's switch gears. Is there a recent film scene that left an impression on you?

Alice: The final scene of "Whispers in the Wind" really moved me. A powerful statement about love and loss. How about you? Any standout moments?

Thomas: The opening sequence of "Lost Echoes" was incredibly well-executed. It immediately sets the tone for the film. Let's talk about upcoming releases. Is there a film you're eagerly anticipating?

Alice: "Beyond the Stars." The trailer is intriguing, and I love the cast. How about you?

Thomas: "Echoes of Tomorrow." Science fiction always fascinates me. We should organize a movie night soon.

Alice: Excellent idea! We can also include some classics. Thanks for this cinephile discussion, Thomas.

Thomas: Thank you, Alice. See you soon for a movie-filled evening!

48 "Exploration de la Loi de l'Attraction"

Contexte : Laura et David, deux amis curieux, se retrouvent dans un parc pour discuter de la loi de l'attraction, partager leurs expériences et échanger sur la manière dont ils appliquent ces principes dans leur vie quotidienne.

Dialogues :

Laura : Salut David ! J'ai récemment lu sur la loi de l'attraction. C'est fascinant. Qu'en penses-tu ?

David : Salut Laura ! Moi aussi, je trouve ça intéressant. C'est incroyable de penser que nos pensées influent sur notre réalité. Comment appliques-tu cela au quotidien ?

Laura : J'essaie de rester positive et de visualiser mes objectifs. Ça m'a aidée à atteindre certaines choses. Et toi, as-tu essayé des techniques spécifiques ?

David : Oui, je pratique l'affirmation quotidienne. Ça me met dans une mentalité positive dès le matin. Parlons des expériences. As-tu vécu des moments où la loi de l'attraction a semblé fonctionner pour toi ?

Laura : Oui, il y a eu des occasions où j'ai pensé intensément à quelque chose, et cela s'est manifesté dans ma vie. C'est presque magique. Et toi ?

David : Pareil. Il y a des choses que j'ai attirées après avoir concentré mes pensées dessus. C'est comme si l'univers répondait. Changeons de sujet. As-tu rencontré des sceptiques de la loi de l'attraction ?

Laura : Oh oui, beaucoup. Certains pensent que c'est juste de la pensée positive exagérée. Comment réponds-tu à ces critiques ?

David : Je leur dis souvent que même si ce n'est pas une science exacte, adopter une mentalité positive ne peut pas faire de mal. Parlons des livres ou des ressources que tu recommanderais sur le sujet.

Laura : "Le Secret" a été une lecture transformative pour moi. Et toi ?

David : J'ai trouvé "Pouvoir illimité" de Tony Robbins très inspirant. Merci pour cette discussion, Laura. C'est toujours stimulant d'explorer ces idées.

Laura : Merci à toi, David. On devrait continuer à partager nos expériences. Qui sait ce que nous pourrions attirer dans nos vies ?

"Exploring the Law of Attraction"

Context: Laura and David, two curious friends, meet in a park to discuss the law of attraction, share their experiences, and exchange thoughts on how they apply these principles in their daily lives.

Dialogues:

Laura: Hi David! I've recently been reading about the law of attraction. It's fascinating. What are your thoughts?

David: Hi Laura! I find it interesting too. It's incredible to think that our thoughts influence our reality. How do you apply it in your daily life?

Laura: I try to stay positive and visualize my goals. It has helped me achieve certain things. How about you? Have you tried any specific techniques?

David: Yes, I practice daily affirmations. It puts me in a positive mindset right from the morning. Let's talk about experiences. Have you had moments where the law of attraction seemed to work for you?

Laura: Yes, there have been occasions where I intensely thought about something, and it manifested in my life. It's almost magical. How about you?

David: Same here. There are things I've attracted after focusing my thoughts on them. It's like the universe responds. Let's change the subject. Have you encountered skeptics of the law of attraction?

Laura: Oh yes, many. Some think it's just exaggerated positive thinking. How do you respond to such criticisms?

David: I often tell them that even if it's not an exact science, adopting a positive mindset can't hurt. Let's talk about books or resources you would recommend on the subject.

Laura: "The Secret" has been a transformative read for me. How about you?

David: I found "Unlimited Power" by Tony Robbins very inspiring. Thanks for this discussion, Laura. It's always stimulating to explore these ideas.

Laura: Thank you, David. We should continue to share our experiences. Who knows what we might attract into our lives?

49 "Mélodie des Préférences Musicales"

Contexte : Sarah et Lucas, deux amis passionnés de musique, se retrouvent dans un café pour discuter de leurs goûts musicaux, partager leurs artistes préférés, et évoquer des souvenirs liés à la musique.

Dialogues :

Sarah : Salut Lucas ! J'ai découvert une nouvelle chanson hier, et je ne peux pas m'empêcher de la partager. Tu veux l'écouter ?

Lucas : Salut Sarah ! Bien sûr, je suis toujours partant pour de la nouvelle musique. De quel artiste s'agit-il ?

Sarah : C'est une chanson de l'artiste indie que j'ai mentionné la dernière fois. Son style est unique. J'adore la fusion des genres. Et toi, as-tu écouté quelque chose d'intéressant récemment ?

Lucas : Oh oui, j'ai découvert un groupe de folk incroyable. Leurs paroles sont poétiques, et la musique est apaisante. Parlons de nos artistes préférés. Y a-t-il quelqu'un que tu écoutes en boucle en ce moment ?

Sarah : En ce moment, je suis obsédée par une artiste pop locale. Sa voix est époustouflante. J'ai même assisté à l'un de ses concerts récemment. Et toi ?

Lucas : Je suis toujours fidèle à mon groupe de rock classique préféré. Leurs chansons me ramènent à des moments spéciaux de ma vie. Changeons de sujet. As-tu une chanson qui évoque un souvenir particulier pour toi ?

Sarah : "Summer Nights" me ramène toujours à nos vacances d'été il y a deux ans. Cette chanson était notre bande-son. Et toi, une chanson emblématique ?

Lucas : "Under the Bridge" me rappelle mes années d'université. Elle était constamment diffusée dans notre appartement. Parlons de nos playlists idéales. Y a-t-il un genre que tu inclurais sans hésiter ?

Sarah : J'ajouterais certainement du jazz. C'est tellement polyvalent. Et toi ?

Lucas : Le blues. Il a une profondeur émotionnelle unique. Merci pour cette discussion musicale, Sarah. C'est toujours inspirant d'explorer de nouveaux horizons sonores.

Sarah : Merci à toi, Lucas. On devrait organiser une soirée musicale bientôt !

"Melody of Musical Preferences"

Context: Sarah and Lucas, two music enthusiasts, meet in a café to discuss their musical tastes, share their favorite artists, and reminisce about memories connected to music.

Dialogues:

Sarah: Hi Lucas! I discovered a new song yesterday, and I can't resist sharing it. Want to listen?

Lucas: Hi Sarah! Of course, I'm always up for new music. Which artist is it?

Sarah: It's a song by the indie artist I mentioned last time. Their style is unique. I love the genre fusion. How about you? Have you heard anything interesting lately?

Lucas: Oh yes, I found an incredible folk band. Their lyrics are poetic, and the music is soothing. Let's talk about our favorite artists. Is there someone you're currently listening to non-stop?

Sarah: Currently, I'm obsessed with a local pop artist. Her voice is stunning. I even attended one of her concerts recently. How about you?

Lucas: I'm still loyal to my favorite classic rock band. Their songs take me back to special moments in my life. Let's change the subject. Do you have a song that brings back a particular memory for you?

Sarah: "Summer Nights" always takes me back to our summer vacation two years ago. That song was our soundtrack. How about you, an iconic song?

Lucas: "Under the Bridge" reminds me of my university years. It was constantly playing in our apartment. Let's talk about our ideal playlists. Is there a genre you'd definitely include?

Sarah: I'd definitely add some jazz. It's so versatile. How about you?

Lucas: Blues. It has a unique emotional depth. Thanks for this musical discussion, Sarah. It's always inspiring to explore new sonic horizons.

Sarah: Thank you, Lucas. We should organize a music night soon!

50 "Complicité Animale : Entre Amis à Quatre Pattes"

Contexte : Emma et Pierre, deux amis qui partagent l'amour des animaux de compagnie, se retrouvent dans un parc pour discuter de leurs compagnons à quatre pattes, partager des anecdotes amusantes et échanger des conseils sur le bien-être animal.

Dialogues :

Emma : Salut Pierre ! Comment va ton fidèle compagnon à fourrure ?

Pierre : Salut Emma ! Max va bien, toujours aussi énergique. Et toi, comment se porte Luna ?

Emma : Luna profite du soleil. Elle adore jouer avec d'autres chiens au parc. J'ai lu récemment sur de nouveaux jouets interactifs. Tu en as entendu parler ?

Pierre : Oui, j'ai essayé un puzzle pour chiens avec des friandises. Max adore ça ! Ça le garde occupé et stimulé. Parlons des moments amusants. As-tu une anecdote récente avec Luna ?

Emma : Oh, hier, elle a réussi à ouvrir le placard à friandises. J'ai trouvé Luna entourée de sachets de friandises vides. C'était hilarant. Et toi ?

Pierre : Max a découvert le miroir récemment. Il se prend pour un autre chien et aboie en pensant que c'est un jeu. Changeons de sujet. As-tu des astuces pour les soins de Luna ?

Emma : J'ai commencé à lui donner une alimentation plus naturelle. Elle semble avoir plus d'énergie. Et toi, des conseils pour Max ?

Pierre : Des promenades régulières et des séances de jeu ont amélioré son comportement. Et il adore les gratouilles derrière les oreilles. Parlons des rendez-vous vétérinaires. As-tu trouvé un bon vétérinaire dans le quartier ?

Emma : Oui, le Dr. Martin est excellent. Il prend vraiment soin de Luna. Et toi ?

Pierre : Nous allons chez le Dr. Dubois. Il a une approche douce qui convient bien à Max. Merci pour cette discussion animée, Emma. Nos amis à quatre pattes ajoutent tellement de joie à nos vies.

Emma : Absolument, Pierre. À nos amis poilus !

"Animal Companionship: Four-Legged Friends"

Context: Emma and Pierre, two friends who share a love for pets, meet in a park to discuss their furry companions, share amusing anecdotes, and exchange tips on animal well-being.

Dialogues:

Emma: Hi Pierre! How is your faithful furry companion doing?

Pierre: Hi Emma! Max is doing well, still as energetic as ever. And how is Luna doing?

Emma: Luna is enjoying the sun. She loves playing with other dogs in the park. I recently read about new interactive toys. Have you heard about them?

Pierre: Yes, I tried a treat puzzle for dogs. Max loves it! It keeps him busy and stimulated. Let's talk about fun moments. Do you have a recent anecdote with Luna?

Emma: Oh, yesterday, she managed to open the treat cupboard. I found Luna surrounded by empty treat bags. It was hilarious. And you?

Pierre: Max discovered the mirror recently. He thinks he's another dog and barks, thinking it's a game. Let's change the subject. Any tips for Luna's care?

Emma: I started giving her a more natural diet. She seems to have more energy. And you, any tips for Max?

Pierre: Regular walks and play sessions have improved his behavior. And he loves scratches behind the ears. Let's talk about vet appointments. Have you found a good vet in the neighborhood?

Emma: Yes, Dr. Martin is excellent. He really takes care of Luna. And you?

Pierre: We go to Dr. Dubois. He has a gentle approach that suits Max well. Thanks for this lively discussion, Emma. Our four-legged friends add so much joy to our lives.

Emma: Absolutely, Pierre. To our furry friends!

51 "Vibrations Locales : Un Événement qui Rassemble"

Contexte : Sophie et Antoine, deux voisins enthousiastes, se rencontrent dans le quartier pour discuter d'un événement local récent. Ils partagent leurs expériences, échangent des impressions et évoquent l'impact positif sur la communauté.

Dialogues :

Sophie : Salut Antoine ! As-tu assisté à l'événement de quartier samedi dernier ?

Antoine : Salut Sophie ! Oui, j'y étais. C'était incroyable de voir autant de personnes réunies. Qu'en as-tu pensé ?

Sophie : C'était fantastique ! La variété des stands de nourriture, les performances sur scène, tout était bien organisé. J'ai découvert de nouveaux artisans locaux aussi. Et toi, quel était ton moment préféré ?

Antoine : J'ai adoré la prestation du groupe de musique local. Ils ont une énergie incroyable. C'était impossible de ne pas danser. Parlons de l'impact sur la communauté. Penses-tu que ce type d'événement renforce les liens dans le quartier ?

Sophie : Absolument. Ça crée une atmosphère de camaraderie. J'ai même rencontré des voisins que je n'avais jamais croisés auparavant. Ces événements sont essentiels pour construire une communauté solide. As-tu remarqué d'autres initiatives locales intéressantes récemment ?

Antoine : Oui, il y a un projet pour améliorer le parc du quartier. Ils sollicitent des idées auprès des résidents. Je pense que c'est une excellente idée. Changeons de sujet. As-tu des suggestions pour des événements futurs ?

Sophie : J'aimerais voir plus d'ateliers créatifs impliquant les enfants. Cela renforcerait les liens intergénérationnels. Et toi ?

Antoine : Une journée sportive serait géniale. Cela encouragerait la santé et le bien-être dans le quartier. Merci pour cette discussion, Sophie. Ces événements locaux nous connectent vraiment.

Sophie : Merci à toi, Antoine. À la prochaine réunion de quartier !

"Local Vibes: A Unifying Neighborhood Event"

Context: Sophie and Antoine, two enthusiastic neighbors, meet in the neighborhood to discuss a recent local event. They share their experiences, exchange impressions, and talk about the positive impact on the community.

Dialogues:

Sophie: Hi Antoine! Did you attend the neighborhood event last Saturday?

Antoine: Hi Sophie! Yes, I was there. It was amazing to see so many people coming together. What did you think?

Sophie: It was fantastic! The variety of food stalls, the on-stage performances, everything was well-organized. I discovered new local artisans too. How about you, what was your favorite moment?

Antoine: I loved the performance by the local music band. They had incredible energy. It was impossible not to dance. Let's talk about the impact on the community. Do you think such events strengthen bonds in the neighborhood?

Sophie: Absolutely. It creates a sense of camaraderie. I even met neighbors I had never crossed paths with before. These events are essential for building a strong community. Have you noticed other interesting local initiatives recently?

Antoine: Yes, there's a project to improve the neighborhood park. They're seeking ideas from residents. I think it's a great idea. Let's change the subject. Any suggestions for future events?

Sophie: I'd like to see more creative workshops involving children. It would strengthen intergenerational ties. And you?

Antoine: A sports day would be great. It would encourage health and well-being in the neighborhood. Thanks for this discussion, Sophie. These local events really connect us.

Sophie: Thank you, Antoine. Looking forward to the next neighborhood gathering!

52 "Échanges Actuels : Perspectives sur l'Actualité"

Contexte : Marion et Nicolas, deux amis passionnés par l'actualité, se retrouvent dans un café pour discuter des événements récents. Ils partagent leurs opinions, échangent des informations et réfléchissent aux impacts sociaux.

Dialogues :

Marion : Salut Nicolas ! As-tu suivi les dernières nouvelles ces jours-ci ?

Nicolas : Salut Marion ! Oui, j'ai essayé de rester informé. Il se passe tellement de choses. As-tu une histoire qui t'a particulièrement marquée récemment ?

Marion : La crise environnementale me préoccupe vraiment. J'ai lu un article sur les efforts de sensibilisation. C'est important d'agir maintenant. Et toi, une actualité qui t'a marqué ?

Nicolas : Les développements économiques m'inquiètent. Les fluctuations du marché peuvent avoir un impact sur tant de gens. Changeons de sujet. Comment penses-tu que l'actualité influence nos vies quotidiennes ?

Marion : L'actualité façonne notre compréhension du monde. Cela nous incite également à réfléchir à nos actions. Par exemple, je suis plus attentive à ma consommation après avoir lu sur les problèmes environnementaux. Et toi ?

Nicolas : Tout à fait d'accord. L'actualité nous pousse à rester critiques et informés. Parlons des sources d'information. As-tu une préférence pour certaines ?

Marion : Je diversifie mes sources pour obtenir des perspectives variées. Les médias indépendants sont souvent intéressants. Et toi ?

Nicolas : Je fais de même. La diversité des opinions est cruciale. Merci pour cette discussion, Marion. Il est essentiel de rester connectés à ce qui se passe dans le monde.

Marion : Merci à toi, Nicolas. À une meilleure compréhension du monde qui nous entoure !

"Current Exchanges: Perspectives on News"

Context: Marion and Nicolas, two friends passionate about current affairs, meet in a café to discuss recent events. They share their opinions, exchange information, and reflect on social impacts.

Dialogues:

Marion: Hi Nicolas! Have you been following the latest news these days?

Nicolas: Hi Marion! Yes, I've tried to stay informed. So much is happening. Do you have a story that particularly struck you recently?

Marion: The environmental crisis really concerns me. I read an article about awareness efforts. It's important to take action now. And you, any news that stood out to you?

Nicolas: Economic developments worry me. Market fluctuations can impact so many people. Let's change the subject. How do you think the news influences our daily lives?

Marion: The news shapes our understanding of the world. It also prompts us to reflect on our actions. For example, I'm more mindful of my consumption after reading about environmental issues. And you?

Nicolas: Completely agree. The news compels us to stay critical and informed. Let's talk about news sources. Do you have a preference for certain ones?

Marion: I diversify my sources to get varied perspectives. Independent media is often interesting. And you?

Nicolas: Same here. Diversity of opinions is crucial. Thanks for this discussion, Marion. It's essential to stay connected to what's happening in the world.

Marion: Thank you, Nicolas. To a better understanding of the world around us!

53 "Conversations Bien-Être : Prendre Soin de Soi"

Contexte : Sophie et Marc, deux amis engagés dans une démarche de santé et de bien- être, se retrouvent dans un parc pour discuter de leurs routines, partager des conseils et échanger sur les aspects physiques et mentaux de leur bien-être.

Dialogues :

Sophie : Salut Marc ! Comment vas-tu ? J'ai entendu dire que tu avais adopté une nouvelle routine bien-être.

Marc : Salut Sophie ! Oui, je me suis mis au yoga le matin. Cela fait une énorme différence. Et toi, des nouvelles de ton côté ?

Sophie : J'ai commencé la méditation. C'est incroyable comment cela apaise l'esprit. Parlons de l'alimentation. As-tu découvert des recettes saines récemment ?

Marc : Oui, j'ai essayé des smoothies verts. Pleins de vitamines et délicieux. Changeons de sujet. Comment gères-tu le stress au quotidien ?

Sophie : La respiration profonde m'aide beaucoup. Et j'ai limité ma présence sur les réseaux sociaux. Ça fait du bien. As-tu des astuces pour un sommeil de qualité ?

Marc : Je coupe les écrans une heure avant de dormir. Et j'ai créé une ambiance apaisante dans ma chambre. Parlons de l'exercice physique. Qu'aimes-tu faire pour rester actif ?

Sophie : J'alterne entre la course à pied et le vélo. Et j'ai rejoint un cours de danse. C'est une excellente façon de rester en forme en s'amusant. Des conseils pour rester motivé ?

Marc : Fixe-toi des objectifs réalistes. Et trouve des activités que tu aimes vraiment. Merci pour ces échanges, Sophie. Prendre soin de soi devrait toujours être une priorité.

Sophie : Tout à fait d'accord, Marc. À notre santé et notre bien-être !

"Wellness Conversations: Taking Care of Oneself"

Context: Sophie and Marc, two friends committed to health and well-being, meet in a park to discuss their routines, share tips, and exchange thoughts on the physical and mental aspects of their well-being.

Dialogues:

Sophie: Hi Marc! How are you? I heard you've adopted a new wellness routine.

Marc: Hi Sophie! Yes, I started doing morning yoga. It makes a huge difference. How about you, any updates on your end?

Sophie: I've started meditation. It's incredible how it calms the mind. Let's talk about nutrition. Have you discovered any healthy recipes lately?

Marc: Yes, I tried green smoothies. Packed with vitamins and delicious. Let's change the subject. How do you manage daily stress?

Sophie: Deep breathing helps me a lot. And I've limited my presence on social media. It feels good. Any tips for quality sleep?

Marc: I turn off screens an hour before bedtime. And I've created a soothing ambiance in my bedroom. Let's talk about physical exercise. What do you enjoy doing to stay active?

Sophie: I alternate between running and cycling. And I joined a dance class. It's an excellent way to stay fit while having fun. Any advice for staying motivated?

Marc: Set realistic goals. And find activities you genuinely enjoy. Thanks for these exchanges, Sophie. Taking care of oneself should always be a priority.

Sophie: Completely agree, Marc. To our health and well-being!

54 "Passion Automobile : Conversations sur les Routes"

Contexte : Emma et Martin, deux amis amateurs de voitures, se retrouvent dans un café pour discuter de leur passion commune. Ils partagent leurs expériences de conduite, discutent des derniers modèles et évoquent les innovations technologiques dans le monde automobile.

Dialogues :

Emma : Salut Martin ! J'ai entendu dire que tu avais essayé une nouvelle voiture récemment. Comment était la conduite ?

Martin : Salut Emma ! Incroyable, vraiment. C'était une voiture électrique, silencieuse et puissante. J'ai adoré l'expérience. Et toi, des découvertes automobiles récentes ?

Emma : J'ai lu sur les voitures autonomes. L'idée de la conduite sans intervention me fascine. Parlons des modèles classiques. As-tu une voiture de rêve que tu aimerais posséder un jour ?

Martin : Absolument, une voiture de sport vintage. Leur design intemporel a quelque chose de spécial. Et toi ?

Emma : Une voiture décapotable serait mon choix. Ressentir le vent en conduisant, c'est une expérience unique. Changeons de sujet. As-tu des préférences en matière de marques automobiles ?

Martin : J'ai toujours été un fan des marques européennes pour leur design et leurs performances. Et toi, des marques qui t'inspirent ?

Emma : J'aime les voitures japonaises pour leur fiabilité. Elles ont une technologie avancée. Parlons des défis environnementaux. Penses-tu que les voitures électriques sont l'avenir ?

Martin : Absolument. La transition vers l'électrique est inévitable pour réduire notre impact sur l'environnement. Merci pour cette discussion, Emma. La passion automobile nous connecte vraiment.

Emma : Merci à toi, Martin. À de nombreuses aventures sur la route !

"Automotive Passion: Conversations on the Roads"

Context: Emma and Martin, two friends with a love for cars, meet in a café to discuss their common passion. They share their driving experiences, talk about the latest models, and discuss technological innovations in the automotive world.

Dialogues:

Emma: Hi Martin! I heard you tried a new car recently. How was the drive?

Martin: Hi Emma! Amazing, really. It was an electric car, quiet and powerful. I loved the experience. How about you, any recent automotive discoveries?

Emma: I've been reading about autonomous cars. The idea of driving without intervention fascinates me. Let's talk about classic models. Do you have a dream car you'd like to own someday?

Martin: Absolutely, a vintage sports car. Their timeless design has something special. And you?

Emma: A convertible would be my choice. Feeling the wind while driving is a unique experience. Let's change the subject. Any preferences when it comes to car brands?

Martin: I've always been a fan of European brands for their design and performance. How about you, any inspiring brands?

Emma: I like Japanese cars for their reliability. They have advanced technology. Let's talk about environmental challenges. Do you think electric cars are the future?

Martin: Absolutely. The transition to electric is inevitable to reduce our impact on the environment. Thanks for this discussion, Emma. Automotive passion truly connects us.

Emma: Thank you, Martin. Here's to many road adventures!

55 "Échange sur Steve Jobs et Apple : L'Héritage Technologique"

Contexte : Alex et Laura, deux passionnés de technologie, discutent de l'influence de Steve Jobs et du rôle d'Apple dans l'industrie. Ils partagent leurs points de vue sur l'évolution des produits Apple et la manière dont la vision de Jobs continue à marquer l'entreprise.

Dialogues :

Alex : Salut Laura ! As-tu suivi l'actualité sur Apple récemment ? Leur dernière annonce est toujours très attendue.

Laura : Salut Alex ! Oui, j'ai vu ça. Il est fascinant de penser à l'impact que Steve Jobs a eu sur cette entreprise. Son héritage est toujours présent. Qu'en penses-tu ?

Alex : Absolument. Jobs a changé la donne avec des produits innovants comme l'iPhone et le MacBook. Le design minimaliste est devenu emblématique. Et toi, quel produit Apple te fascine le plus ?

Laura : L'iPhone, sans aucun doute. Il a redéfini la manière dont nous utilisons les téléphones. Et la continuité de l'innovation avec les modèles ultérieurs est impressionnante. Parles-tu de l'influence de Jobs dans d'autres domaines ?

Alex : Oui, son approche du design et de l'expérience utilisateur a inspiré de nombreuses industries. Le "think different" est devenu une philosophie d'entreprise. Parlons des défis actuels pour Apple. Qu'en penses-tu ?

Laura : La concurrence est féroce, surtout dans le domaine des smartphones. Maintenir l'innovation tout en préservant l'esprit d'Apple est un défi. Mais ils semblent trouver un équilibre. Et toi, qu'aimerais-tu voir dans les futurs produits Apple ?

Alex : Peut-être des avancées significatives dans l'éco-responsabilité. Jobs avait un engagement pour des produits durables. Cela pourrait être la prochaine grande étape. Merci pour cette discussion, Laura. Steve Jobs a vraiment laissé une empreinte indélébile.

Laura : Merci à toi, Alex. À Steve Jobs et à la technologie qui continue à nous inspirer.

"Discussion on Steve Jobs and Apple: Technological Legacy"

Context: Alex and Laura, two technology enthusiasts, discuss the influence of Steve Jobs and the role of Apple in the industry. They share their perspectives on the evolution of Apple products and how Jobs' vision continues to shape the company.

Dialogues:

Alex: Hi Laura! Have you been following the news about Apple lately? Their latest announcement is always highly anticipated.

Laura: Hi Alex! Yes, I saw that. It's fascinating to think about the impact Steve Jobs had on this company. His legacy is still very much present. What do you think?

Alex: Absolutely. Jobs changed the game with innovative products like the iPhone and MacBook. The minimalist design became iconic. How about you? Which Apple product fascinates you the most?

Laura: The iPhone, without a doubt. It redefined how we use phones. And the continued innovation with later models is impressive. Are you talking about Jobs' influence in other areas?

Alex: Yes, his approach to design and user experience has inspired many industries. "Think different" became a corporate philosophy. Let's talk about current challenges for Apple. What do you think?

Laura: The competition is fierce, especially in the smartphone arena. Maintaining innovation while preserving the Apple spirit is a challenge. But they seem to find a balance. How about you? What would you like to see in future Apple products?

Alex: Perhaps significant advancements in eco-responsibility. Jobs had a commitment to sustainable products. That could be the next big step. Thanks for this discussion, Laura. Steve Jobs truly left an indelible mark.

Laura: Thank you, Alex. To Steve Jobs and technology that continues to inspire us.

56 "Échanges sur l'Amour : Comprendre les Sentiments"

Contexte : Clara et Thomas, deux amis proches, se retrouvent dans un parc pour discuter de l'amour sous différentes perspectives. Ils partagent leurs expériences, réfléchissent sur les défis relationnels et explorent les différentes formes d'amour.

Dialogues :

Clara : Salut Thomas ! Comment ça va côté cœur ? On dit que l'amour est un sujet universel.

Thomas : Salut Clara ! C'est vrai, l'amour est complexe et fascinant. J'ai réfléchi à ce que cela signifie pour moi. Et toi, quelles sont tes réflexions sur l'amour ?

Clara : Je pense que l'amour prend différentes formes. L'amour romantique, l'amitié, l'amour familial, ils sont tous uniques. C'est ce qui rend la vie si riche. Parles-tu de l'amour romantique en ce moment ?

Thomas : Oui, j'ai vécu quelques hauts et bas récemment. Les relations exigent du travail, mais quand ça fonctionne, c'est magique. Parlons des défis. Comment gères-tu les moments difficiles dans une relation ?

Clara : La communication est essentielle. Exprimer ses sentiments et écouter l'autre permet de surmonter beaucoup d'obstacles. Et toi, as-tu des conseils pour maintenir une relation solide ?

Thomas : La compréhension mutuelle et le respect sont cruciaux. Et prendre du temps pour les petites choses qui comptent. Changeons de sujet. Comment définirais-tu l'amour inconditionnel ?

Clara : L'amour inconditionnel, c'est accepter l'autre avec ses imperfections, sans jugement. C'est un lien puissant. Merci pour cette conversation, Thomas. L'amour est vraiment un voyage.

Thomas : Merci à toi, Clara. À l'amour sous toutes ses formes !

"Conversations on Love: Understanding Feelings"

Context: Clara and Thomas, two close friends, meet in a park to discuss love from various perspectives. They share their experiences, reflect on relationship challenges, and explore different forms of love.

Dialogues:

Clara: Hi Thomas! How's the heart doing? They say love is a universal topic.

Thomas: Hi Clara! It's true, love is complex and fascinating. I've been thinking about what it means to me. How about you? What are your thoughts on love?

Clara: I believe love takes different forms. Romantic love, friendship, family love—they're all unique. That's what makes life so rich. Are you talking about romantic love right now?

Thomas: Yes, I've experienced some ups and downs recently. Relationships require work, but when it works, it's magical. Let's talk about challenges. How do you handle tough moments in a relationship?

Clara: Communication is crucial. Expressing feelings and listening to each other helps overcome many obstacles. And you, do you have tips for maintaining a strong relationship?

Thomas: Mutual understanding and respect are crucial. And taking time for the little things that matter. Let's change the topic. How would you define unconditional love?

Clara: Unconditional love is accepting the other with their imperfections, without judgment. It's a powerful bond. Thanks for this conversation, Thomas. Love is truly a journey.

Thomas: Thank you, Clara. To love in all its forms!

57 "Réflexions sur l'Histoire : Échanges sur les Événements Passés"

Contexte : Pierre et Élise, deux amis passionnés d'histoire, se retrouvent dans un café pour discuter de différents événements historiques. Ils partagent leurs points de vue, évoquent des périodes marquantes et discutent de l'importance de comprendre le passé.

Dialogues :

Pierre : Salut Élise ! As-tu lu quelque chose d'intéressant sur l'histoire récemment ? J'aime explorer le passé pour mieux comprendre le présent.

Élise : Salut Pierre ! Absolument, l'histoire est une source infinie d'apprentissage. J'ai été plongée dans des récits sur la Renaissance. C'est une période fascinante. Et toi, as-tu un événement historique préféré ?

Pierre : La Révolution française m'a toujours intrigué. Les idées de liberté, égalité et fraternité ont eu un impact mondial. Parlons des leçons de l'histoire. Penses-tu que comprendre le passé aide à façonner l'avenir ?

Élise : Certainement. Les erreurs et les réussites du passé sont des guides pour le présent. Cela nous permet d'éviter les écueils et de progresser en tant que société. As-tu un moment particulier de l'histoire qui t'a inspiré récemment ?

Pierre : La conquête spatiale des années 1960 m'a toujours fasciné. C'était un moment où l'humanité a repoussé ses limites. Parlons des événements actuels. Penses-tu que nous vivons actuellement des moments historiques ?

Élise : Absolument. Les changements sociaux, les avancées technologiques, tout cela fera partie de l'histoire future. Chaque époque a son impact. Merci pour cette discussion, Pierre. L'histoire est vraiment une source infinie de réflexion.

Pierre : Merci à toi, Élise. À l'histoire qui nous connecte au passé et éclaire notre avenir !

"Reflections on History: Conversations about Past Events"

Context: Pierre and Élise, two friends passionate about history, meet in a café to discuss various historical events. They share their perspectives, delve into significant periods, and talk about the importance of understanding the past.

Dialogues:

Pierre: Hi Élise! Have you read anything interesting about history recently? I love exploring the past to better understand the present.

Élise: Hi Pierre! Absolutely, history is an infinite source of learning. I've been immersed in narratives about the Renaissance. It's a fascinating period. How about you? Do you have a favorite historical event?

Pierre: The French Revolution has always intrigued me. The ideas of liberty, equality, and fraternity had a global impact. Let's talk about the lessons of history. Do you think understanding the past helps shape the future?

Élise: Certainly. The mistakes and successes of the past serve as guides for the present. It allows us to avoid pitfalls and progress as a society. Do you have a particular moment in history that has inspired you recently?

Pierre: The space exploration of the 1960s has always fascinated me. It was a moment when humanity pushed its limits. Let's talk about current events. Do you believe we are currently experiencing historical moments?

Élise: Absolutely. Social changes, technological advancements, all of this will be part of future history. Every era has its impact. Thanks for this discussion, Pierre. History is truly an endless source of reflection.

Pierre: Thank you, Élise. To history that connects us to the past and enlightens our future!

58 "Projets et Clous : Discussion Quotidienne sur le Bricolage"

Contexte : Paul et Sophie, deux voisins passionnés de bricolage, se rencontrent dans leur jardin pour discuter de leurs derniers projets de bricolage. Ils échangent des conseils, partagent des anecdotes et expriment leur amour pour l'artisanat.

Dialogues :

Paul : Salut Sophie ! Qu'est-ce que tu bricoles en ce moment ? J'ai vu que tu avais quelques outils sortis.

Sophie : Salut Paul ! En effet, je travaille sur une étagère pour la cuisine. J'essaie de maximiser l'espace. Et toi, des projets en cours ?

Paul : Oh, je rénove ma terrasse. J'ai décidé de la rendre plus accueillante. C'est du travail, mais j'adore ça. Des conseils pour le travail du bois ?

Sophie : Absolument. Choisis des bois résistants aux intempéries. Et n'oublie pas de poncer avant de peindre pour une finition lisse. Parlons des moments amusants. As-tu eu des mésaventures récentes ?

Paul : Ah, le mois dernier, j'ai confondu deux types de colle. Ça a été un sacré défi de tout défaire. Parlons outils. Y a-t-il un outil que tu considères indispensable ?

Sophie : Ma scie circulaire est un incontournable. Elle facilite tellement la découpe précise. Et toi ?

Paul : Ma perceuse sans fil est mon fidèle compagnon. Changeons de sujet. Le bricolage en solo ou en équipe, qu'est-ce que tu préfères ?

Sophie : En équipe, c'est plus amusant. On partage les idées et les tâches. Et après l'effort, on profite ensemble du résultat. Merci pour cette discussion, Paul. Le bricolage nous relie à notre espace.

Paul : Merci à toi, Sophie. À de futurs projets réussis !

"Projects and Nails: Everyday Chat on DIY"

Context: Paul and Sophie, two neighbors passionate about DIY, meet in their garden to discuss their latest DIY projects. They exchange tips, share anecdotes, and express their love for craftsmanship.

Dialogues:

Paul: Hi Sophie! What are you working on right now? I saw you had some tools out.

Sophie: Hi Paul! Indeed, I'm working on a shelf for the kitchen. I'm trying to maximize space. How about you? Any ongoing projects?

Paul: Oh, I'm renovating my terrace. I decided to make it more welcoming. It's a lot of work, but I love it. Any tips for woodworking?

Sophie: Absolutely. Choose weather-resistant woods. And don't forget to sand before painting for a smooth finish. Let's talk about fun moments. Have you had any recent DIY mishaps?

Paul: Oh, last month, I confused two types of glue. It was quite a challenge to undo everything. Let's talk tools. Is there a tool you consider indispensable?

Sophie: My circular saw is a must-have. It makes precise cutting so much easier. How about you?

Paul: My cordless drill is my faithful companion. Let's change the topic. DIY solo or in a team, which do you prefer?

Sophie: In a team, it's more fun. We share ideas and tasks. And after the effort, we enjoy the result together. Thanks for this discussion, Paul. DIY connects us to our space.

Paul: Thank you, Sophie. To future successful projects!

59 "Passions et Plaisirs : Échanges Quotidiens sur les Loisirs"

Contexte : Marion et Nicolas, deux amis qui partagent un amour pour les loisirs créatifs, se retrouvent dans un café pour discuter de leurs hobbies. Ils évoquent leurs activités préférées, partagent des idées et réfléchissent à l'importance de consacrer du temps à ce qui les passionne.

Dialogues :

Marion : Salut Nicolas ! Quels sont tes hobbies préférés en ce moment ? J'ai vu sur les réseaux que tu étais plongé dans quelque chose d'amusant.

Nicolas : Salut Marion ! En effet, je me suis lancé dans la photographie. Capturer des moments de la vie quotidienne est devenu une passion. Et toi, quel est ton hobby du moment ?

Marion : J'ai repris la peinture à l'aquarelle. Ça me permet de m'évader et de laisser libre cours à ma créativité. Parlons des bienfaits des hobbies. Penses-tu qu'ils contribuent à notre bien-être ?

Nicolas : Absolument. Les hobbies offrent une évasion, un moyen de se détendre et de se ressourcer. Ils sont essentiels pour maintenir un équilibre dans nos vies. As-tu découvert un nouveau hobby qui t'a surpris récemment ?

Marion : J'ai essayé la poterie il y a quelques mois. C'était un défi, mais tellement gratifiant. Parlons de la manière dont les hobbies influent sur nos relations. As-tu déjà partagé un hobby avec quelqu'un d'autre ?

Nicolas : Oui, j'ai enseigné la photographie à mon neveu. C'était une expérience enrichissante. Les hobbies peuvent renforcer les liens. Merci pour cette discussion, Marion. Les passions rendent la vie plus colorée.

Marion : Merci à toi, Nicolas. À nos loisirs qui font de chaque jour une aventure !

"Passions and Pleasures: Daily Conversations on Hobbies"

Context: Marion and Nicolas, two friends who share a love for creative hobbies, meet in a cafe to discuss their hobbies. They talk about their favorite activities, share ideas, and reflect on the importance of dedicating time to what they are passionate about.

Dialogues:

Marion: Hi Nicolas! What are your current favorite hobbies? I saw on social media that you've been immersed in something fun.

Nicolas: Hi Marion! Indeed, I've taken up photography. Capturing moments of everyday life has become a passion. How about you? What's your current hobby?

Marion: I've returned to watercolor painting. It allows me to escape and unleash my creativity. Let's talk about the benefits of hobbies. Do you think they contribute to our well-being?

Nicolas: Absolutely. Hobbies provide an escape, a way to relax and recharge. They are essential for maintaining balance in our lives. Have you discovered a new hobby that surprised you recently?

Marion: I tried pottery a few months ago. It was a challenge, but so rewarding. Let's talk about how hobbies influence our relationships. Have you ever shared a hobby with someone else?

Nicolas: Yes, I taught photography to my nephew. It was a rewarding experience. Hobbies can strengthen bonds. Thanks for this discussion, Marion. Passions make life more colorful.

Marion: Thank you, Nicolas. To our hobbies that make every day an adventure!

60 "Vitamines et Bien-Être : Discussion Quotidienne sur les Compléments Alimentaires"

Contexte : Sarah et Julien, deux amis attentifs à leur santé, se retrouvent dans un parc pour discuter de leurs expériences avec les compléments alimentaires. Ils partagent des conseils, échangent des impressions et réfléchissent à l'importance d'une alimentation équilibrée.

Dialogues :

Sarah : Salut Julien ! J'ai remarqué que tu prends des compléments alimentaires. Comment ça se passe pour toi ?

Julien : Salut Sarah ! Oui, je prends des vitamines et des minéraux. J'ai lu que cela pouvait renforcer le système immunitaire. Et toi, tu en prends ?

Sarah : Oui, je prends des oméga-3 et des probiotiques. J'ai entendu dire que c'était bon pour la santé digestive. Parlons des avantages que tu as remarqués.

Julien : Je me sens moins fatigué et plus concentré. C'est peut-être psychologique, mais je crois vraiment en l'efficacité des compléments. Parlons des choix à faire. As-tu des conseils pour choisir des compléments de qualité ?

Sarah : La qualité est essentielle. Je regarde toujours les marques réputées et les avis des utilisateurs. Parlons des sources naturelles. Préfères-tu obtenir tes nutriments directement des aliments ou par le biais de compléments ?

Julien : J'essaie d'avoir une alimentation équilibrée, mais les compléments sont un complément bienvenu. Parfois, la vie quotidienne peut rendre difficile l'obtention de tous les nutriments nécessaires. Merci pour cette discussion, Sarah. Les compléments font vraiment partie de ma routine quotidienne.

Sarah : Merci à toi, Julien. À une santé éclatante et à des choix bien informés !

"Vitamins and Well-being: Everyday Conversation on Dietary Supplements"

Context: Sarah and Julien, two friends attentive to their health, meet in a park to discuss their experiences with dietary supplements. They share advice, exchange impressions, and reflect on the importance of a balanced diet.

Dialogues:

Sarah: Hi Julien! I noticed that you take dietary supplements. How's it going for you?

Julien: Hi Sarah! Yes, I take vitamins and minerals. I read that it could strengthen the immune system. How about you? Do you take any?

Sarah: Yes, I take omega-3s and probiotics. I heard it's good for digestive health. Let's talk about the benefits you've noticed.

Julien: I feel less tired and more focused. It might be psychological, but I really believe in the effectiveness of supplements. Let's discuss making choices. Any advice on choosing quality supplements?

Sarah: Quality is crucial. I always look for reputable brands and user reviews. Let's talk about natural sources. Do you prefer getting your nutrients directly from food or through supplements?

Julien: I try to have a balanced diet, but supplements are a welcome addition. Sometimes, daily life can make it challenging to get all the necessary nutrients. Thanks for this discussion, Sarah. Supplements are really part of my daily routine.

Sarah: Thank you, Julien. To vibrant health and informed choices!

61 "Rires et Aventures : Conversations Quotidiennes sur les Enfants"

Contexte : Laura et Thomas, deux parents se retrouvent dans un café pour discuter de leurs expériences avec leurs enfants. Ils partagent des anecdotes, échangent des conseils parentaux et réfléchissent à la joie que les enfants apportent à leur vie quotidienne.

Dialogues :

Laura : Salut Thomas ! Comment vont les enfants ? J'ai vu que tu avais posté une photo adorable sur les réseaux sociaux.

Thomas : Salut Laura ! Les enfants grandissent tellement vite. Ils sont pleins d'énergie. Et chez toi, comment ça se passe ?

Laura : Oh, tu sais, la routine habituelle avec les devoirs et les activités extrascolaires. Mais chaque jour apporte son lot de surprises. Parlons des moments amusants. As-tu une anecdote récente avec les enfants qui t'a fait sourire ?

Thomas : Hier, ma fille a essayé de me convaincre que les dinosaures vivaient encore dans le jardin. C'était hilarant. Parlons des enseignements. Qu'as-tu appris en tant que parent ?

Laura : La patience, c'est certain. Et l'importance de voir le monde avec des yeux émerveillés. Les enfants ont ce don de rendre chaque jour spécial. Parlons des défis. As-tu rencontré des défis particuliers récemment ?

Thomas : Oh oui, la gestion du temps est toujours un défi. Entre le travail et les engagements des enfants, trouver des moments de qualité peut être difficile. Mais ça en vaut la peine. Merci pour cette discussion, Laura. Les enfants rendent la vie tellement colorée.

Laura : Merci à toi, Thomas. À nos petits aventuriers et à l'amour qui les entoure !

"Laughter and Adventures: Daily Conversations about Children"

Context: Laura and Thomas, two parents, meet in a café to discuss their experiences with their children. They share anecdotes, exchange parenting advice, and reflect on the joy that children bring to their daily lives.

Dialogues:

Laura: Hi Thomas! How are the kids? I saw you posted an adorable photo on social media.

Thomas: Hi Laura! Kids grow so fast. They are full of energy. How about yours?

Laura: Oh, you know, the usual routine with homework and extracurricular activities. But every day brings its share of surprises. Let's talk about fun moments. Do you have a recent anecdote with the kids that made you smile?

Thomas: Yesterday, my daughter tried to convince me that dinosaurs still live in the backyard. It was hilarious. Let's talk about lessons. What have you learned as a parent?

Laura: Patience, for sure. And the importance of seeing the world with wonder. Children have this gift of making every day special. Let's talk about challenges. Have you faced any particular challenges recently?

Thomas: Oh yes, time management is always a challenge. Between work and kids' commitments, finding quality moments can be tough. But it's worth it. Thanks for this discussion, Laura. Kids make life so colorful.

Laura: Thank you, Thomas. To our little adventurers and the love that surrounds them!

62 Projets et Possibilités : Discussions Quotidiennes sur l'Immobilier"

Contexte : Marion et Antoine, deux amis passionnés par l'immobilier, se retrouvent dans un café pour discuter de leurs projets immobiliers respectifs. Ils partagent des idées, échangent des conseils et réfléchissent aux opportunités du marché immobilier.

Dialogues :

Marion : Salut Antoine ! Comment se passe ta recherche de maison ? J'ai entendu dire que tu avais visité plusieurs propriétés.

Antoine : Salut Marion ! Oui, c'est vrai. Trouver la maison parfaite prend du temps, mais je suis optimiste. Et toi, comment vont tes projets immobiliers ?

Marion : Je cherche à investir dans un appartement locatif. C'est un marché intéressant en ce moment. Parlons des critères de sélection. Qu'est-ce qui est le plus important pour toi dans le choix d'une propriété ?

Antoine : L'emplacement est primordial pour moi. Proximité des commodités, sécurité du quartier, tout cela compte. Parlons des tendances du marché. As-tu remarqué des évolutions récentes ?

Marion : Les appartements avec espaces extérieurs sont de plus en plus prisés. Les gens apprécient la possibilité d'avoir un petit coin de verdure. Parlons financement. As-tu des conseils sur la recherche de prêts hypothécaires ?

Antoine : Il est crucial de comparer les offres et de bien comprendre les taux d'intérêt. Faisons des recherches approfondies avant de prendre une décision. Merci pour cette discussion, Marion. L'immobilier offre tellement de perspectives.

Marion : Merci à toi, Antoine. À nos futurs projets immobiliers réussis !

"Projects and Possibilities: Everyday Conversations on Real Estate"

Context: Marion and Antoine, two friends passionate about real estate, meet in a cafe to discuss their respective real estate projects. They share ideas, exchange advice, and reflect on opportunities in the real estate market.

Dialogues:

Marion: Hi Antoine! How's your house hunting going? I heard you've visited several properties.

Antoine: Hi Marion! Yes, that's true. Finding the perfect home takes time, but I'm optimistic. How about your real estate projects?

Marion: I'm looking to invest in a rental apartment. It's an interesting market right now. Let's talk about selection criteria. What's most important for you in choosing a property?

Antoine: Location is crucial for me. Proximity to amenities, neighborhood safety, all of that matters. Let's discuss market trends. Have you noticed any recent developments?

Marion: Apartments with outdoor spaces are becoming more popular. People appreciate the possibility of having a small green area. Let's talk financing. Do you have any tips on finding mortgage loans?

Antoine: It's crucial to compare offers and understand interest rates well. Let's do thorough research before making a decision. Thanks for this discussion, Marion. Real estate offers so many perspectives.

Marion: Thank you, Antoine. To our successful future real estate projects!

63 "Exploration et Échanges : Conversations Quotidiennes sur les Cryptomonnaies"

Contexte : Emma et Maxime, deux amis passionnés par la technologie financière, se retrouvent dans un café pour discuter des cryptomonnaies. Ils partagent leurs expériences, échangent des conseils et réfléchissent aux opportunités et aux défis de cet univers en constante évolution.

Dialogues :

Emma : Salut Maxime ! J'ai vu que tu t'intéresses aux cryptomonnaies. Comment as-tu commencé ton exploration dans ce domaine ?

Maxime : Salut Emma ! Oui, je me plonge de plus en plus dans le monde des crypto. J'ai commencé par lire sur Bitcoin et j'explore maintenant d'autres altcoins. Et toi, quel est ton parcours dans les cryptomonnaies ?

Emma : J'ai récemment investi un peu dans l'Ethereum. C'est fascinant de voir comment cette technologie évolue. Parlons de la volatilité. As-tu rencontré des défis liés à la fluctuation des cours ?

Maxime : Oh oui, la volatilité est une réalité. Il faut être prêt à voir ses investissements fluctuer. Parlons sécurité. As-tu des conseils pour sécuriser les portefeuilles de cryptomonnaies ?

Emma : La sécurité est essentielle. J'utilise des portefeuilles matériels et je fais des sauvegardes régulières. Parlons du futur. Quelles sont tes perspectives pour l'avenir des cryptomonnaies ?

Maxime : Je pense que les cryptos continueront à gagner en adoption, mais il y aura aussi des régulations à surveiller. Merci pour cette discussion, Emma. Les cryptomonnaies sont vraiment un domaine dynamique.

Emma : Merci à toi, Maxime. À nos explorations dans le monde des cryptos !

"Exploration and Exchange: Everyday Conversations on Cryptocurrencies"

Context: Emma and Maxime, two friends passionate about financial technology, meet in a café to discuss cryptocurrencies. They share their experiences, exchange advice, and reflect on the opportunities and challenges of this ever-evolving world.

Dialogues:

Emma: Hi Maxime! I saw that you're interested in cryptocurrencies. How did you start exploring this field?

Maxime: Hi Emma! Yes, I'm diving more and more into the world of crypto. I started by reading about Bitcoin and now exploring other altcoins. How about you? What's your journey into cryptocurrencies?

Emma: I recently invested a bit in Ethereum. It's fascinating to see how this technology is evolving. Let's talk about volatility. Have you faced challenges related to price fluctuations?

Maxime: Oh yes, volatility is a reality. One needs to be prepared to see investments fluctuate. Let's talk security. Any tips on securing cryptocurrency wallets?

Emma: Security is crucial. I use hardware wallets and regularly back up. Let's talk about the future. What are your perspectives on the future of cryptocurrencies?

Maxime: I think cryptocurrencies will continue to gain adoption, but there will also be regulations to watch. Thanks for this discussion, Emma. Cryptocurrencies are truly a dynamic field.

Emma: Thank you, Maxime. To our explorations in the world of cryptos!

64 "Connecter et Partager : Conversations Quotidiennes sur les Réseaux Sociaux"

Contexte : Anaïs et Nicolas, deux amis accros aux réseaux sociaux, discutent de leurs expériences en ligne dans un café animé. Ils partagent des anecdotes, échangent des conseils et réfléchissent aux aspects positifs et aux défis de la vie numérique.

Dialogues :

Anaïs : Salut Nicolas ! J'ai vu toutes tes photos sur Instagram. Tu sembles avoir passé un super week-end !

Nicolas : Salut Anaïs ! Oui, c'était génial. J'adore partager mes moments avec mes amis en ligne. Et toi, comment utilises-tu les réseaux sociaux ?

Anaïs : Je suis plutôt active sur Twitter. J'aime suivre l'actualité et partager des idées. Parlons de la surconnexion. As-tu ressenti le besoin de faire une pause des réseaux sociaux à un moment donné ?

Nicolas : Absolument. Il y a des moments où cela devient accrocheur. Faire une pause est nécessaire pour rester connecté avec le monde réel. Parlons des trolls en ligne. Comment gères-tu les commentaires négatifs ?

Anaïs : Je préfère ignorer et bloquer. Le positif l'emporte toujours sur le négatif. Parlons des plateformes. As-tu une préférence pour un réseau social en particulier ?

Nicolas : Instagram est mon préféré pour les visuels, mais j'utilise aussi LinkedIn pour le professionnel. Merci pour cette discussion, Anaïs. Les réseaux sociaux sont à la fois une bénédiction et un défi.

Anaïs : Merci à toi, Nicolas. À nos vies numériques bien équilibrées !

"Connect and Share: Everyday Conversations on Social Media"

Context: Anaïs and Nicolas, two friends addicted to social media, discuss their online experiences in a lively café. They share anecdotes, exchange advice, and reflect on the positive aspects and challenges of digital life.

Dialogues:

Anaïs: Hi Nicolas! I saw all your photos on Instagram. You seemed to have had a great weekend!

Nicolas: Hi Anaïs! Yes, it was fantastic. I love sharing my moments with friends online. How about you? How do you use social media?

Anaïs: I'm quite active on Twitter. I enjoy following the news and sharing ideas. Let's talk about overconnection. Have you ever felt the need to take a break from social media at some point?

Nicolas: Absolutely. There are moments when it becomes overwhelming. Taking a break is necessary to stay connected with the real world. Let's talk about online trolls. How do you handle negative comments?

Anaïs: I prefer to ignore and block. The positive always outweighs the negative. Let's talk about platforms. Do you have a preference for a particular social media network?

Nicolas: Instagram is my favorite for visuals, but I also use LinkedIn for professional purposes. Thanks for this discussion, Anaïs. Social media is both a blessing and a challenge.

Anaïs: Thank you, Nicolas. To our well-balanced digital lives!

65 "Souvenirs d'Enfance : Conversations Quotidiennes sur nos Héros Préférés"

Contexte : Sophie et Pierre, deux amis se remémorant leur enfance, discutent de leurs héros préférés autour d'un café. Ils partagent des souvenirs, évoquent les leçons apprises, et se plongent dans la nostalgie des personnages qui ont marqué leur jeunesse.

Dialogues :

Sophie : Salut Pierre ! Je repensais à nos héros d'enfance. Qui était ton préféré ?

Pierre : Salut Sophie ! Ah, difficile de choisir, mais je dirais Spider-Man. Il avait un charme particulier. Et toi, qui était ton héros ?

Sophie : Sans aucun doute, Belle de "La Belle et la Bête". J'aimais sa passion pour les livres et son courage. Parlons des leçons que nos héros nous ont apprises. Qu'as-tu appris de Spider-Man ?

Pierre : Spider-Man m'a appris que même les gens ordinaires peuvent devenir extraordinaires. Le pouvoir vient avec la responsabilité. Et toi, que t'a enseigné Belle ?

Sophie : Belle m'a montré l'importance de voir au-delà des apparences et de valoriser l'intelligence. Parlons de la nostalgie. As-tu revu des épisodes de Spider-Man récemment ?

Pierre : Oui, ça m'arrive de temps en temps. C'est comme retrouver un vieux copain. Ça te dirait de regarder ensemble un de ces jours ?

Sophie : Avec plaisir ! Rien de tel qu'un peu de nostalgie pour égayer la journée. À nos héros d'enfance qui restent toujours dans nos cœurs !

"Childhood Memories: Everyday Conversations About Our Favorite Heroes"

Context: Sophie and Pierre, two friends reminiscing about their childhood, discuss their favorite heroes over a cup of coffee. They share memories, talk about the lessons learned, and dive into the nostalgia of characters that left a lasting impact on their youth.

Dialogues:

Sophie: Hi Pierre! I was thinking about our childhood heroes. Who was your favorite?

Pierre: Hi Sophie! Oh, it's hard to choose, but I'd say Spider-Man. He had a special charm. How about you? Who was your hero?

Sophie: Without a doubt, Belle from "Beauty and the Beast." I loved her passion for books and her courage. Let's talk about the lessons our heroes taught us. What did you learn from Spider-Man?

Pierre: Spider-Man taught me that even ordinary people can become extraordinary. Power comes with responsibility. And you, what did Belle teach you?

Sophie: Belle showed me the importance of looking beyond appearances and valuing intelligence. Let's talk about nostalgia. Have you watched any Spider-Man episodes recently?

Pierre: Yes, I do that from time to time. It's like reconnecting with an old friend. Would you like to watch together one of these days?

Sophie: Absolutely! There's nothing like a bit of nostalgia to brighten the day. To our childhood heroes who always stay in our hearts!

66 "Exploration des Rêves : Conversations Quotidiennes sur les Espoirs et les Aspirations"

Contexte : Léa et Marc, deux amis partageant une passion pour l'exploration de leurs rêves et aspirations, se retrouvent dans un parc pour discuter de leurs projets futurs et des rêves qui les animent.

Dialogues :

Léa : Salut Marc ! J'avais envie de parler de nos rêves et de nos aspirations. Qu'est-ce qui te passionne en ce moment ?

Marc : Salut Léa ! J'adore cette idée. En ce moment, je rêve de créer ma propre entreprise. Je veux apporter quelque chose de significatif. Et toi, quels sont tes rêves du moment ?

Léa : Oh, j'ai tellement de rêves ! En tête de liste, il y a celui de voyager à travers le monde. Explorer différentes cultures et expérimenter de nouvelles aventures. Parlons des obstacles. As-tu rencontré des défis dans la poursuite de tes rêves ?

Marc : Absolument, Léa. Le financement et les incertitudes sont des défis constants. Mais chaque défi est une opportunité déguisée. Parlons des petits pas. Quelles actions as-tu entreprises pour réaliser tes rêves de voyage ?

Léa : J'ai commencé par économiser et planifier des itinéraires. Chaque petite étape compte. Parlons de l'inspiration. Qui t'inspire dans la réalisation de tes rêves d'entrepreneuriat ?

Marc : Les entrepreneurs qui ont réussi malgré les obstacles m'inspirent. Leurs histoires me rappellent que la persévérance est la clé. Merci pour cette discussion, Léa. Parlons régulièrement de nos rêves.

Léa : Merci à toi, Marc. À la poursuite de nos rêves et à l'avenir qui nous attend !

"Exploring Dreams: Everyday Conversations on Hopes and Aspirations"

Context: Léa and Marc, two friends sharing a passion for exploring their dreams and aspirations, meet in a park to discuss their future plans and the dreams that drive them.

Dialogues:

Léa: Hi Marc! I wanted to talk about our dreams and aspirations. What are you passionate about right now?

Marc: Hi Léa! I love that idea. Currently, I dream of starting my own business. I want to bring something meaningful to the world. And you, what are your dreams at the moment?

Léa: Oh, I have so many dreams! At the top of the list is traveling the world. Exploring different cultures and experiencing new adventures. Let's talk about obstacles. Have you faced challenges in pursuing your dreams?

Marc: Absolutely, Léa. Funding and uncertainties are constant challenges. But every challenge is a disguised opportunity. Let's talk about small steps. What actions have you taken to realize your travel dreams?

Léa: I started by saving and planning itineraries. Every little step counts. Let's talk about inspiration. Who inspires you in achieving your entrepreneurial dreams?

Marc: Successful entrepreneurs who faced obstacles inspire me. Their stories remind me that perseverance is key. Thank you for this discussion, Léa. Let's regularly discuss our dreams.

Léa: Thank you, Marc. To the pursuit of our dreams and the future that awaits us!

67 "Transition Professionnelle : Conversations Quotidiennes sur le Changement de Travail"

Contexte : Julie et Thomas, deux collègues réfléchissant à leur carrière, se retrouvent pour discuter du processus de changer de travail. Ils partagent leurs motivations, leurs inquiétudes et leurs expériences lors de cette transition professionnelle.

Dialogues :

Julie : Salut Thomas ! J'ai eu cette idée en tête depuis un moment maintenant. Je pense à changer de travail. As-tu déjà envisagé quelque chose de similaire ?

Thomas : Salut Julie ! Oui, de temps en temps, je me demande si je suis sur la bonne voie. Pourquoi envisages-tu de changer de travail ?

Julie : J'ai besoin de nouveaux défis et d'une atmosphère différente. Je veux élargir mes compétences et explorer d'autres horizons. As-tu des inquiétudes par rapport à cela ?

Thomas : Bien sûr, les inquiétudes financières et l'incertitude professionnelle sont présentes. Mais je pense que le changement peut aussi apporter des opportunités. Comment planifies- tu cette transition ?

Julie : Je fais des recherches sur d'autres secteurs et je mets à jour mon CV. Je vais également participer à des événements de réseautage. Parles-moi de ton expérience si tu as déjà changé de travail.

Thomas : J'ai changé une fois de travail il y a quelques années. C'était effrayant au début, mais cela m'a ouvert des portes que je n'aurais jamais imaginées. C'est une étape importante. Quand penses-tu franchir le pas ?

Julie : Je suis en train de planifier tout cela. Peut-être dans les prochains mois. Merci de partager ton expérience, Thomas. On se tient mutuellement au courant ?

Thomas : Absolument, Julie. On peut se soutenir tout au long de ce processus. À de nouveaux départs et à nos aspirations professionnelles !

"Career Transition: Everyday Conversations about Changing Jobs"

Context: Julie and Thomas, two colleagues contemplating their careers, meet to discuss the process of changing jobs. They share their motivations, concerns, and experiences during this professional transition.

Dialogues:

Julie: Hi Thomas! I've had this idea in my mind for a while now. I'm thinking about changing jobs. Have you ever considered something similar?

Thomas: Hi Julie! Yes, from time to time, I wonder if I'm on the right path. Why are you considering changing jobs?

Julie: I need new challenges and a different atmosphere. I want to broaden my skills and explore other horizons. Do you have any concerns about it?

Thomas: Of course, financial concerns and professional uncertainty are there. But I believe that change can also bring opportunities. How are you planning this transition?

Julie: I'm researching other sectors and updating my resume. I'll also be attending networking events. Tell me about your experience if you've changed jobs before.

Thomas: I changed jobs once a few years ago. It was scary at first, but it opened doors I never would have imagined. It's a significant step. When do you think you'll take the plunge?

Julie: I'm in the planning stages right now. Maybe in the next few months. Thanks for sharing your experience, Thomas. Shall we keep each other updated?

Thomas: Absolutely, Julie. We can support each other throughout this process. To new beginnings and our career aspirations!

68 "Révélations Amicales : Conversations Quotidiennes: 3 Choses Surprenantes à Ton Sujet"

Contexte : Lisa et Paul, deux amis proches, se retrouvent pour partager des détails surprenants et amusants à propos de leur personnalité. Ils créent une ambiance légère et ludique en révélant trois choses inattendues l'un sur l'autre.

Dialogues :

Lisa : Salut Paul ! J'ai pensé qu'on pourrait s'amuser un peu aujourd'hui. Donne-moi trois choses surprenantes à ton sujet que je ne sais pas.

Paul : Salut Lisa ! Oh, c'est une idée amusante. Premièrement, je peux jouer de la guitare électrique. C'est mon petit secret musical.

Lisa : Vraiment ? Je n'aurais jamais deviné ! Moi, je peux faire de la jonglerie. C'est ma façon bizarre de me détendre. Quelle est la deuxième surprise ?

Paul : Deuxièmement, je parle couramment le mandarin. J'ai appris pendant un séjour en Chine. Une compétence cachée.

Lisa : Incroyable ! Je n'aurais jamais imaginé que tu maîtrises le mandarin. Bon, ma deuxième surprise, c'est que je suis championne de tricot. Un peu inattendu, non ?

Paul : Wow, c'est génial ! Et la troisième surprise ?

Lisa : Troisièmement, je collectionne les aimants de réfrigérateur du monde entier. C'est devenu une obsession discrète. À toi maintenant, Paul !

Paul : Troisièmement, j'ai participé à une compétition de danse de salon et j'ai remporté le premier prix. Un peu hors de ma zone de confort, mais amusant.

Lisa : C'est incroyable ! On en apprend tous les jours. Ces révélations rendent notre amitié encore plus spéciale.

Paul : Absolument, Lisa. À toutes les surprises et à notre amitié unique !

"Friendly Revelations: Everyday Conversations about 3 Surprising Things About You"

Context: Lisa and Paul, two close friends, meet to share amusing and surprising details about their personalities. They create a light and playful atmosphere by revealing three unexpected things about each other.

Dialogues:

Lisa: Hi Paul! I thought we could have some fun today. Give me three surprising things about you that I don't know.

Paul: Hi Lisa! Oh, that's a fun idea. First, I can play the electric guitar. It's my little musical secret.

Lisa: Really? I would have never guessed! As for me, I can juggle. It's my quirky way to relax. What's the second surprise?

Paul: Secondly, I speak Mandarin fluently. I learned it during a stay in China. A hidden skill.

Lisa: Amazing! I would have never imagined you're fluent in Mandarin. Well, my second surprise is that I'm a knitting champion. A bit unexpected, right?

Paul: Wow, that's awesome! And the third surprise?

Lisa: Thirdly, I collect refrigerator magnets from around the world. It's become a discreet obsession. Now, your turn, Paul!

Paul: Thirdly, I participated in a ballroom dance competition and won first prize. A bit out of my comfort zone, but fun.

Lisa: That's incredible! You learn something new every day. These revelations make our friendship even more special.

Paul: Absolutely, Lisa. To all the surprises and our unique friendship!

69 "Découverte Culinaire : Conversations Quotidiennes sur le Restaurant Préféré"

Contexte : Sophie et Max, deux amis gourmands, partagent leur passion pour la cuisine en discutant de leur restaurant préféré. Ils échangent des expériences culinaires et des moments mémorables autour de plats délicieux.

Dialogues :

Sophie : Salut Max ! J'ai une envie folle de parler de notre restaurant préféré. Tu sais, celui qui nous régale à chaque visite. Lequel est le tien ?

Max : Salut Sophie ! Ah, le choix est difficile, mais il y a ce petit bistro italien que j'adore. Leurs pâtes sont divines. Et toi ?

Sophie : Oh, je sais lequel tu veux dire ! C'est un délice là-bas. Mon choix ultime reste cependant ce restaurant japonais. Leurs sushis sont incomparables.

Max : J'ai toujours voulu essayer ce restaurant japonais. Tu me donnes envie ! Quel plat recommandes-tu particulièrement ?

Sophie : Les sushis au saumon sont incroyables, mais tu dois absolument goûter leur tempura. Une expérience gustative à ne pas manquer.

Max : Ça semble délicieux. Parlons des moments mémorables. Quel souvenir inoubliable as- tu de ce restaurant japonais ?

Sophie : C'était pour mon anniversaire l'année dernière. Ils m'ont offert un dessert surprise avec des feux étincelants. Une soirée magique.

Max : C'est fantastique ! Et ce bistro italien, as-tu une anecdote particulière ?

Sophie : Oui, une fois, le chef est venu à notre table pour discuter de ses plats. Une touche personnelle qui rend cet endroit spécial.

Max : On devrait organiser une sortie là-bas bientôt. Qu'en dis-tu ?

Sophie : Absolument ! Un festin en perspective. À nos restaurants préférés et à de futures aventures culinaires !

"Culinary Exploration: Everyday Conversations about the Favorite Restaurant"

Context: Sophie and Max, two food enthusiasts, share their passion for cuisine by discussing their favorite restaurant. They exchange culinary experiences and memorable moments around delicious dishes.

Dialogues:

Sophie: Hi Max! I have a craving to talk about our favorite restaurant. You know, the one that delights us with every visit. Which one is yours?

Max: Hi Sophie! Ah, the choice is tough, but there's this little Italian bistro I adore. Their pasta is divine. And you?

Sophie: Oh, I know which one you mean! It's a delight there. My ultimate choice, however, is this Japanese restaurant. Their sushi is incomparable.

Max: I've always wanted to try that Japanese restaurant. You're making me want to! What dish do you particularly recommend?

Sophie: The salmon sushi is amazing, but you absolutely must try their tempura. A taste experience not to be missed.

Max: That sounds delicious. Let's talk about memorable moments. What unforgettable memory do you have from that Japanese restaurant?

Sophie: It was for my birthday last year. They surprised me with a dessert with sparkling candles. A magical evening.

Max: That's fantastic! And this Italian bistro, any particular anecdotes?

Sophie: Yes, once the chef came to our table to discuss his dishes. A personal touch that makes this place special.

Max: We should plan a visit there soon. What do you think?

Sophie: Absolutely! A feast awaits us. To our favorite restaurants and future culinary adventures!

70 "Réflexions Profondes : Conversations Quotidiennes sur l'Existence de Dieu"

Contexte : Emma et Alex, deux amis proches, se retrouvent pour une conversation philosophique sur la question de l'existence de Dieu. Ils partagent leurs perspectives personnelles de manière respectueuse et ouverte.

Dialogues :

Emma : Salut Alex ! J'ai eu cette question qui me trotte dans la tête. Penses-tu que Dieu existe ?

Alex : Salut Emma ! C'est une question profonde. Personnellement, je suis plutôt agnostique. Je ne peux ni affirmer ni nier l'existence de Dieu. Et toi ?

Emma : Je me pose la même question. Il y a des moments où j'ai l'impression qu'il doit y avoir quelque chose de plus grand, mais d'autres fois, j'ai des doutes. C'est un sujet délicat.

Alex : Absolument, c'est une question complexe. Certains trouvent du réconfort dans la foi, tandis que d'autres préfèrent se fier à la raison. Comment envisages-tu cette quête de sens ?

Emma : Je pense que c'est une quête personnelle. Chacun doit trouver sa propre vérité. Ce qui est important, c'est le respect des croyances de chacun, même si elles diffèrent des nôtres.

Alex : Bien dit, Emma. Le respect mutuel est essentiel dans ce genre de discussions. La diversité de perspectives enrichit notre compréhension du monde. As-tu discuté de cela avec d'autres amis ?

Emma : Oui, et c'est intéressant de voir comment les expériences de chacun influencent leurs croyances. Ça ouvre des horizons. Et toi, as-tu des croyances spirituelles ?

Alex : Je suis plus axé sur la spiritualité personnelle que sur une religion spécifique. Pour moi, la connexion avec quelque chose de plus grand se trouve dans la nature et les expériences humaines. Chacun a sa propre voie.

Emma : C'est une perspective fascinante, Alex. Merci de partager tes pensées sur un sujet aussi profond. On devrait continuer à explorer ces questions ensemble.

Alex : Absolument, Emma. Les conversations qui font réfléchir sont précieuses. À nos réflexions et à une amitié ouverte d'esprit !

"Deep Reflections: Everyday Conversations on the Existence of God"

Context: Emma and Alex, two close friends, engage in a philosophical conversation about the existence of God. They share their personal perspectives in a respectful and open manner.

Dialogues:

Emma: Hi Alex! I've had this question lingering in my mind. Do you think God exists?

Alex: Hi Emma! It's a profound question. Personally, I lean towards agnosticism. I can neither affirm nor deny the existence of God. And you?

Emma: I'm wrestling with the same question. There are moments when I feel there must be something greater, but other times, I have doubts. It's a delicate topic.

Alex: Absolutely, it's a complex question. Some find comfort in faith, while others prefer to rely on reason. How do you approach this quest for meaning?

Emma: I think it's a personal journey. Everyone must find their own truth. What's important is respecting each other's beliefs, even if they differ from ours.

Alex: Well said, Emma. Mutual respect is crucial in these kinds of discussions. The diversity of perspectives enriches our understanding of the world. Have you discussed this with other friends?

Emma: Yes, and it's interesting to see how each person's experiences shape their beliefs. It broadens our horizons. And you, do you have spiritual beliefs?

Alex: I lean more towards personal spirituality than a specific religion. For me, the connection to something greater is found in nature and human experiences. Each person has their own path.

Emma: That's a fascinating perspective, Alex. Thank you for sharing your thoughts on such a profound topic. We should continue exploring these questions together.

Alex: Absolutely, Emma. Thought-provoking conversations are precious. To our reflections and an open-minded friendship!

71 "L'Art de l'Organisation : Conversations Quotidiennes sur la Gestion du Temps"

Contexte : Marie et Pierre, deux amis occupés, partagent des conseils sur la manière de rester organisés au quotidien.

Dialogues :

Marie : Salut Pierre ! Ces derniers temps, je me sens un peu dépassée par toutes les choses à faire. Comment fais-tu pour rester si organisé au quotidien ?

Pierre : Salut Marie ! Je comprends. Pour moi, la clé est de planifier ma journée à l'avance. J'utilise un agenda et je note toutes les tâches importantes. Ça m'aide à rester sur la bonne voie.

Marie : C'est une bonne idée. J'ai du mal à m'y tenir. Comment gères-tu les imprévus qui surviennent souvent ?

Pierre : Ah, les imprévus ! J'inclus toujours une marge de manœuvre dans mon emploi du temps. Ça me donne un peu de flexibilité pour faire face aux urgences sans que tout s'effondre.

Marie : Intéressant. Et au travail, comment restes-tu organisé avec toutes les réunions et les projets ?

Pierre : Pour le travail, j'utilise des outils de gestion de projet en ligne. Cela facilite la collaboration et me permet de suivre l'avancement des tâches. Ça rend les choses plus fluides.

Marie : Je devrais essayer ça. Et au fait, comment gères-tu le stress ?

Pierre : Le stress est inévitable, mais prendre de courtes pauses et déléguer certaines tâches quand c'est possible m'aide à rester zen. C'est important de ne pas tout porter sur nos épaules.

Marie : Merci pour ces conseils, Pierre. Je vais essayer d'appliquer quelques-unes de tes astuces. Comment fais-tu pour te détendre en fin de journée ?

Pierre : En fin de journée, je prends un moment pour moi, que ce soit en lisant, en faisant du sport, ou en écoutant de la musique. Ça me permet de décompresser.

Marie : Ça semble être une bonne routine. Merci pour toutes ces idées, Pierre. On devrait se retrouver bientôt pour partager nos progrès.

Pierre : Absolument, Marie. À une vie bien organisée et sans stress !

"The Art of Organization: Daily Conversations on Time Management"

Context: Marie and Pierre, two busy friends, share tips on how to stay organized in their daily lives.

Dialogues:

Marie: Hi Pierre! Lately, I've been feeling a bit overwhelmed with all the things to do. How do you stay so organized every day?

Pierre: Hi Marie! I understand. For me, the key is to plan my day in advance. I use a planner and jot down all the important tasks. It helps me stay on track.

Marie: That's a good idea. I struggle to stick to it. How do you handle the unexpected events that often occur?

Pierre: Ah, the unexpected! I always include some buffer time in my schedule. It gives me a bit of flexibility to deal with emergencies without everything falling apart.

Marie: Interesting. And at work, how do you stay organized with all the meetings and projects?

Pierre: For work, I use online project management tools. It makes collaboration easier and allows me to track task progress. It makes things smoother.

Marie: I should try that. By the way, how do you manage stress?

Pierre: Stress is inevitable, but taking short breaks and delegating some tasks when possible helps me stay calm. It's important not to carry everything on our shoulders.

Marie: Thanks for these tips, Pierre. I'll try to implement some of your tricks. How do you unwind at the end of the day?

Pierre: At the end of the day, I take a moment for myself, whether it's reading, exercising, or listening to music. It helps me decompress.

Marie: That sounds like a good routine. Thanks for all these ideas, Pierre. We should meet up soon to share our progress.

Pierre: Absolutely, Marie. To a well-organized and stress-free life!

72 "Exploration Culinaire : Conversations Quotidiennes sur des Saveurs Insolites"

Contexte : Sarah et Thomas, deux amis passionnés de gastronomie, discutent des mets les plus audacieux qu'ils aimeraient essayer.

Dialogues :

Sarah : Salut Thomas ! J'ai regardé une émission sur des plats exotiques hier soir. Ça m'a fait penser, quelle est la nourriture la plus folle que tu voudrais essayer un jour ?

Thomas : Salut Sarah ! Ah, j'adore cette question. Il y a cette glace à la coriandre que j'ai vu une fois. Ça semble fou, mais je suis intrigué par ce mélange de saveurs sucrées et herbacées. Et toi ?

Sarah : Une glace à la coriandre ? C'est original ! Pour moi, ce serait du fromage de chèvre au miel... dans un milkshake. J'ai entendu dire que c'est une spécialité quelque part. Ça me tente bien.

Thomas : Wow, c'est audacieux ! Un mélange sucré-salé intéressant. J'imagine que ça pourrait être délicieux. As-tu d'autres idées de plats surprenants ?

Sarah : Eh bien, j'ai lu sur des sushis avec des insectes comestibles. Ça semble étrange, mais paraît-il que c'est une expérience culinaire unique. Ça te tente ?

Thomas : Des sushis aux insectes ? Pourquoi pas ! Je suis partant pour essayer au moins une fois. On pourrait faire une liste de tous ces plats fous et organiser une aventure culinaire.

Sarah : Excellente idée ! Ça pourrait être amusant. Imagine toutes les histoires que l'on aurait à raconter après avoir goûté à ces mets. On devrait commencer par lequel, tu penses ?

Thomas : Hmm, commençons par la glace à la coriandre et le fromage de chèvre au miel. Ce sera un bon début. On pourra ensuite explorer le monde culinaire. Prêts pour l'aventure ?

Sarah : Absolument, Thomas ! À des découvertes gustatives extraordinaires !

"Culinary Exploration: Daily Conversations on Unusual Flavors"

Context: Sarah and Thomas, two friends passionate about gastronomy, discuss the most daring dishes they would like to try.

Dialogues:

Sarah: Hi Thomas! I watched a show about exotic dishes last night. It got me thinking, what's the craziest food you'd like to try someday?

Thomas: Hi Sarah! Ah, I love that question. There's this cilantro ice cream I saw once. It sounds crazy, but I'm intrigued by the mix of sweet and herby flavors. How about you?

Sarah: Cilantro ice cream? That's unique! For me, it would be goat cheese with honey... in a milkshake. I heard it's a specialty somewhere. I'm curious about it.

Thomas: Wow, that's bold! An interesting sweet-savory combination. I can imagine it might be delicious. Do you have any other ideas for surprising dishes?

Sarah: Well, I read about sushi with edible insects. It sounds weird, but they say it's a unique culinary experience. Are you up for it?

Thomas: Sushi with insects? Why not! I'm willing to try it at least once. We could make a list of all these crazy dishes and plan a culinary adventure.

Sarah: Excellent idea! It could be fun. Just imagine all the stories we'd have to tell after tasting these dishes. Which one should we start with, do you think?

Thomas: Hmm, let's start with cilantro ice cream and goat cheese with honey. That should be a good beginning. We can then explore the culinary world. Ready for the adventure?

Sarah: Absolutely, Thomas! To extraordinary taste discoveries!

73 "Fierté Personnelle : Conversations Quotidiennes sur les Réalisations"

Contexte : Caroline et Nicolas, deux amis partageant une profonde connexion, discutent des moments de leur vie dont ils sont le plus fiers. La conversation révèle des accomplissements personnels et des sources de fierté qui ont façonné leur parcours.

Dialogues :

Caroline : Salut Nicolas ! J'ai réfléchi à quelque chose récemment. Qu'est-ce que tu as fait qui te rende le plus fier de toi ?

Nicolas : Salut Caroline ! C'est une question profonde. Je dirais que mon engagement bénévole pour une cause qui me tient à cœur est ce dont je suis le plus fier. Contribuer à faire une différence dans la communauté me remplit de joie. Et toi ?

Caroline : C'est inspirant, Nicolas. Pour ma part, c'est d'avoir terminé mes études tout en travaillant à temps partiel. Ça a été un défi, mais aujourd'hui, je me sens fière de cette réalisation.

Nicolas : C'est vraiment impressionnant, Caroline. Jongler entre les études et le travail demande beaucoup de détermination. Qu'est-ce qui t'a motivée à poursuivre cela ?

Caroline : Ma famille a toujours valorisé l'éducation, et je voulais prouver à moi-même que je pouvais atteindre mes objectifs. Cela a renforcé ma confiance en moi. Mais parlons de toi. Y a-t-il un moment spécifique qui te rend particulièrement fier ?

Nicolas : Un moment qui me vient à l'esprit, c'est lorsque j'ai réalisé un projet artistique qui a été exposé dans une galerie locale. C'était une première pour moi, et voir les réactions des gens a été incroyable.

Caroline : Quelle expérience formidable ! Ça doit être gratifiant de partager ton art avec les autres. Ces moments de fierté personnelle sont tellement importants, n'est-ce pas ?

Nicolas : Absolument, Caroline. Ils nous rappellent ce dont nous sommes capables et nous motivent à continuer à grandir. Et toi, quels sont tes projets futurs qui pourraient te rendre encore plus fière ?

Caroline : J'aimerais m'investir davantage dans des actions caritatives et peut-être écrire un livre. Il y a tant de choses que je souhaite accomplir. Et toi, quels sont tes prochains défis ?

Nicolas : J'ai en tête un nouveau projet artistique ambitieux. J'espère qu'il sera tout aussi enrichissant que le précédent. Continuons à nous inspirer l'un l'autre !

"Personal Pride: Daily Conversations on Achievements"

Context: Caroline and Nicolas, two friends sharing a deep connection, discuss moments in their lives that make them most proud. The conversation reveals personal accomplishments and sources of pride that have shaped their journeys.

Dialogues:

Caroline: Hi Nicolas! I've been reflecting on something lately. What have you done that makes you most proud of yourself?

Nicolas: Hi Caroline! That's a profound question. I would say my volunteer work for a cause dear to my heart is what I'm most proud of. Contributing to making a difference in the community brings me joy. And you?

Caroline: That's inspiring, Nicolas. For me, it's completing my studies while working part-time. It was a challenge, but today, I feel proud of this achievement.

Nicolas: That's truly impressive, Caroline. Juggling studies and work requires a lot of determination. What motivated you to pursue that?

Caroline: My family has always valued education, and I wanted to prove to myself that I could achieve my goals. It strengthened my self-confidence. But let's talk about you. Is there a specific moment that makes you particularly proud?

Nicolas: One moment that comes to mind is when I completed an art project that was exhibited in a local gallery. It was a first for me, and seeing people's reactions was incredible.

Caroline: What a fantastic experience! It must be rewarding to share your art with others. These moments of personal pride are so important, aren't they?

Nicolas: Absolutely, Caroline. They remind us of what we're capable of and motivate us to continue growing. And you, any future projects that could make you even prouder?

Caroline: I'd like to get more involved in charitable actions and maybe write a book. There's so much I want to accomplish. And you, what are your next challenges?

Nicolas: I have an ambitious new art project in mind. I hope it will be just as enriching as the previous one. Let's continue to inspire each other!

74 "Réflexions Filiales : Conversations Quotidiennes sur les Parents"

Contexte : Emma et Lucas, deux amis proches, échangent des pensées sur leurs parents. La conversation révèle des sentiments profonds et des perspectives différentes sur les figures parentales.

Dialogues :

Emma : Salut Lucas ! J'ai eu une discussion avec ma sœur sur nos parents hier soir. Ça m'a fait réfléchir. Que penses-tu de tes parents ?

Lucas : Salut Emma ! Oh, c'est une question profonde. Dans l'ensemble, j'admire énormément mes parents. Ils ont sacrifié beaucoup pour nous donner une vie confortable. Et toi ?

Emma : Je ressens la même chose. Leurs sacrifices et leur dévouement sont inestimables. Mais parfois, je me demande s'ils auraient aimé que je suive une voie différente. Tu te poses ce genre de questions ?

Lucas : Absolument, Emma. C'est normal de se demander si nos choix correspondent à leurs attentes. Mais je crois qu'ils veulent surtout que nous soyons heureux. As-tu des moments spécifiques qui t'ont marquée ?

Emma : Oui, il y a eu des moments difficiles, mais aussi des moments de joie inoubliables. Leur soutien inconditionnel me donne la force d'affronter les défis. Et toi, quel aspect de leur influence apprécies-tu le plus ?

Lucas : Leur capacité à nous encourager à poursuivre nos rêves. Même quand c'était difficile, ils ont toujours cru en moi. C'est quelque chose que j'essaie de transmettre à mes propres enfants.

Emma : C'est magnifique, Lucas. J'espère pouvoir être aussi inspirante pour mes enfants un jour. En fin de compte, nos parents jouent un rôle majeur dans qui nous devenons.

Lucas : Tout à fait, Emma. Leurs valeurs et leur amour continuent de nous guider. Même si parfois, il peut y avoir des désaccords, l'amour familial demeure inébranlable.

"Parental Reflections: Daily Conversations about Parents"

Context: Emma and Lucas, two close friends, share thoughts about their parents. The conversation reveals deep feelings and different perspectives on parental figures.

Dialogues:

Emma: Hi Lucas! I had a discussion with my sister about our parents last night. It got me thinking. What do you think of your parents?

Lucas: Hi Emma! Oh, that's a deep question. Overall, I greatly admire my parents. They sacrificed a lot to give us a comfortable life. And you?

Emma: I feel the same way. Their sacrifices and dedication are invaluable. But sometimes, I wonder if they would have liked me to take a different path. Do you have these kinds of thoughts?

Lucas: Absolutely, Emma. It's normal to wonder if our choices align with their expectations. But I believe they mainly want us to be happy. Are there specific moments that have left an impact on you?

Emma: Yes, there have been challenging moments, but also unforgettable moments of joy. Their unwavering support gives me the strength to face challenges. And you, what aspect of their influence do you appreciate the most?

Lucas: Their ability to encourage us to pursue our dreams. Even when it was tough, they always believed in me. It's something I try to pass on to my own children.

Emma: That's beautiful, Lucas. I hope to be as inspiring to my children one day. In the end, our parents play a major role in shaping who we become.

Lucas: Absolutely, Emma. Their values and love continue to guide us. Even though there may be disagreements at times, family love remains unshakable.

75 "Réflexions Financières : Conversation sur l'Argent"

Contexte : Sophie et Maxime, deux amis discutant ouvertement, partagent leurs réflexions sur l'argent. La conversation explore diverses perspectives sur la richesse, la gestion financière et le rôle de l'argent dans la vie.

Dialogues :

Sophie : Salut Maxime ! J'ai récemment réfléchi à l'argent et à ce qu'il représente pour moi. Qu'en penses-tu ?

Maxime : Salut Sophie ! C'est une question intéressante. Pour moi, l'argent est un outil qui offre des possibilités, mais je ne veux pas qu'il domine ma vie. Tu vois ça comment ?

Sophie : Je suis d'accord. L'argent offre la liberté de faire certaines choses, mais je pense qu'il est crucial de trouver un équilibre. Je ne veux pas sacrifier le bonheur pour la richesse matérielle.

Maxime : Exactement, Sophie. J'essaie de me concentrer sur la construction d'une sécurité financière, mais sans perdre de vue ce qui est vraiment important. As-tu des objectifs financiers spécifiques ?

Sophie : J'aimerais épargner pour voyager et investir dans des expériences plutôt que dans des biens matériels. L'argent devrait servir à créer des souvenirs, tu ne trouves pas ?

Maxime : Tout à fait d'accord. Les expériences ont une valeur durable. D'un autre côté, je veille à constituer un fonds d'urgence. On ne sait jamais ce qui peut arriver.

Sophie : C'est une bonne idée. La sécurité financière est cruciale. Mais j'ai aussi lu que donner peut être gratifiant. Tu as des causes qui te tiennent à cœur ?

Maxime : Absolument. Je soutiens des organisations caritatives locales. Partager avec ceux qui en ont besoin apporte une dimension de satisfaction que l'argent seul ne peut offrir.

Sophie : C'est inspirant, Maxime. En fin de compte, l'argent est un moyen d'atteindre nos objectifs, mais il ne devrait pas définir notre valeur ni nos relations.

Maxime : Bien dit, Sophie. Trouver un équilibre sain est la clé. L'argent doit être un allié, pas un maître.

"Financial Reflections: Daily Conversations about Money"

Context: Sophie and Maxime, two friends engaging in open discussion, share their thoughts on money. The conversation explores various perspectives on wealth, financial management, and the role of money in life.

Dialogues:

Sophie: Hi Maxime! I've been thinking recently about money and what it means to me. What do you think?

Maxime: Hi Sophie! That's an interesting question. For me, money is a tool that provides opportunities, but I don't want it to dominate my life. How about you?

Sophie: I agree. Money provides the freedom to do certain things, but I think it's crucial to find a balance. I don't want to sacrifice happiness for material wealth.

Maxime: Exactly, Sophie. I try to focus on building financial security but without losing sight of what truly matters. Do you have specific financial goals?

Sophie: I'd like to save for travel and invest in experiences rather than material possessions. Money should be used to create memories, don't you think?

Maxime: Absolutely. Experiences have lasting value. On the other hand, I make sure to build an emergency fund. You never know what might happen.

Sophie: That's a good idea. Financial security is crucial. But I've also read that giving can be rewarding. Are there causes you're passionate about?

Maxime: Definitely. I support local charitable organizations. Sharing with those in need brings a sense of satisfaction that money alone can't provide.

Sophie: That's inspiring, Maxime. Ultimately, money is a means to achieve our goals, but it shouldn't define our worth or relationships.

Maxime: Well said, Sophie. Finding a healthy balance is key. Money should be an ally, not a master.

76 "Aventure à Vélo : Conversation sur le Voyage"

Contexte : Marie et Pierre, deux amis passionnés de vélo, partagent leurs impressions sur un voyage récent à vélo. La conversation explore les défis, les découvertes et les moments inoubliables de leur aventure.

Dialogues :

Marie : Salut Pierre ! J'ai adoré notre voyage à vélo le mois dernier. Quel était ton moment préféré ?

Pierre : Salut Marie ! C'était une expérience incroyable. Mon moment préféré était lorsque nous avons atteint le sommet de la colline au coucher du soleil. La vue était à couper le souffle.

Marie : Oh oui, cette montée en valait la peine. Et les rencontres avec les habitants le long du chemin étaient fascinantes. Le vélo crée vraiment des connexions uniques.

Pierre : Absolument, Marie. C'était génial de partager des histoires avec des personnes de différentes cultures. Et les défis physiques ont rendu l'aventure encore plus gratifiante.

Marie : Je suis d'accord. Les journées à pédaler étaient épuisantes, mais la sensation de liberté que procure le vélo est incomparable. As-tu des projets pour notre prochaine aventure ?

Pierre : Bien sûr ! J'aimerais explorer une route côtière. Imagine la brise marine pendant que nous pédalons le long de la côte. Ça serait magique.

Marie : Ça sonne parfait. Et peut-être que nous pourrions découvrir de petits villages de pêcheurs en cours de route. Les voyages à vélo offrent vraiment une perspective unique sur le monde.

Pierre : Exactement, Marie. C'est une manière spéciale de voyager, plus lente et plus immersive. Chaque coup de pédale compte.

Marie : Et chaque kilomètre nous rapproche un peu plus de l'aventure suivante. Ces voyages à vélo resteront parmi mes souvenirs les plus précieux.

Pierre : Les miens aussi, Marie. Vive les prochaines aventures à deux roues !

"Bike Adventure: Conversation about the Journey"

Context: Marie and Pierre, two bike enthusiasts, share their impressions on a recent bike journey. The conversation explores the challenges, discoveries, and unforgettable moments of their adventure.

Dialogues:

Marie: Hi Pierre! I loved our bike trip last month. What was your favorite moment?

Pierre: Hi Marie! It was an incredible experience. My favorite moment was when we reached the top of the hill at sunset. The view was breathtaking.

Marie: Oh yes, that climb was worth it. And the encounters with the locals along the way were fascinating. Biking truly creates unique connections.

Pierre: Absolutely, Marie. It was great to share stories with people from different cultures. And the physical challenges made the adventure even more rewarding.

Marie: I agree. The days of pedaling were exhausting, but the sense of freedom that biking provides is incomparable. Do you have plans for our next adventure?

Pierre: Of course! I'd love to explore a coastal route. Imagine the sea breeze as we pedal along the coast. That would be magical.

Marie: Sounds perfect. And maybe we could discover small fishing villages along the way. Biking trips really offer a unique perspective on the world.

Pierre: Exactly, Marie. It's a special way of traveling, slower and more immersive. Every pedal stroke counts.

Marie: And every kilometer brings us a little closer to the next adventure. These bike trips will remain among my most cherished memories.

Pierre: Mine too, Marie. Cheers to the upcoming two-wheeled adventures!

77 "Réflexions Stoïciennes : Conversations Quotidiennes sur le Stoïcisme"

Contexte : Clara et Thomas, deux amis amateurs de philosophie, discutent des principes stoïciens dans le contexte de la vie quotidienne. La conversation explore la manière dont le stoïcisme influence leur approche des défis et des émotions.

Dialogues :

Clara : Salut Thomas ! J'ai lu récemment sur le stoïcisme, et ses principes me semblent vraiment intéressants. Comment les appliques-tu dans ta vie quotidienne ?

Thomas : Salut Clara ! Le stoïcisme a certainement influencé ma perspective sur la vie. J'essaie d'adopter l'attitude de focaliser sur ce que je peux contrôler et d'accepter ce que je ne peux pas changer.

Clara : C'est une approche sage. J'ai lu quelque chose sur la distinction entre les choses qui dépendent de nous et celles qui n'en dépendent pas. Comment cela se reflète-t-il dans tes actions ?

Thomas : Exactement. Je me concentre sur mes réponses aux situations plutôt que sur les situations elles-mêmes. Cela m'aide à maintenir une stabilité émotionnelle même face aux défis.

Clara : C'est impressionnant. Comment le stoïcisme influence-t-il ta gestion des émotions ?

Thomas : Eh bien, j'essaie de ne pas laisser mes émotions dicter mes réactions. Plutôt que de réagir impulsivement, je prends du recul, analyse la situation, et choisis une réponse réfléchie.

Clara : Une approche très stoïcienne. Et en ce qui concerne le concept de l'impermanence des choses, comment l'intègres-tu dans ta vie quotidienne ?

Thomas : Je m'efforce de ne pas m'attacher excessivement aux choses matérielles ou aux circonstances temporaires. Cela rend les changements plus faciles à accepter et à traverser.

Clara : Merci de partager, Thomas. Le stoïcisme semble apporter une sagesse pratique à la vie quotidienne.

Thomas : Tout à fait, Clara. C'est une philosophie qui m'aide à naviguer avec sérénité à travers les hauts et les bas de la vie.

"Stoic Reflections: Everyday Conversations on Stoicism"

Context: Clara and Thomas, two friends with an interest in philosophy, discuss Stoic principles in the context of daily life. The conversation explores how Stoicism influences their approach to challenges and emotions.

Dialogues:

Clara: Hi Thomas! I recently read about Stoicism, and its principles seem really interesting. How do you apply them in your daily life?

Thomas: Hi Clara! Stoicism has certainly influenced my perspective on life. I try to adopt the attitude of focusing on what I can control and accepting what I cannot change.

Clara: That's a wise approach. I read something about the distinction between things within our control and those outside our control. How does that reflect in your actions?

Thomas: Exactly. I focus on my responses to situations rather than the situations themselves. It helps me maintain emotional stability even in the face of challenges.

Clara: Impressive. How does Stoicism influence your management of emotions?

Thomas: Well, I try not to let my emotions dictate my reactions. Instead of reacting impulsively, I take a step back, analyze the situation, and choose a thoughtful response.

Clara: A very Stoic approach. And regarding the concept of the impermanence of things, how do you integrate that into your daily life?

Thomas: I strive not to overly attach myself to material things or temporary circumstances. It makes it easier to accept and navigate through changes.

Clara: Thank you for sharing, Thomas. Stoicism seems to bring practical wisdom to everyday life.

Thomas: Absolutely, Clara. It's a philosophy that helps me navigate with serenity through life's ups and downs.

78 "Exploration du Japon : Conversations Quotidiennes"

Contexte : Sarah et Alex, deux amis passionnés par la culture japonaise, discutent de leur fascination pour le Japon et partagent des anecdotes sur ce pays unique.

Dialogues :

Sarah : Salut Alex ! J'ai récemment regardé un documentaire sur le Japon, et ça m'a vraiment intriguée. Tu as déjà visité ce pays ?

Alex : Salut Sarah ! Pas encore, mais c'est définitivement sur ma liste de voyages. Ce qui t'a le plus intriguée ?

Sarah : Tout, de la tradition à la modernité. Les temples anciens contrastent magnifiquement avec les quartiers ultramodernes de Tokyo. Et toi, qu'est-ce qui t'attire au Japon ?

Alex : La cuisine, sans aucun doute. J'aimerais goûter des sushis authentiques et découvrir les plats locaux. Et puis, il y a cet équilibre unique entre la nature et la technologie.

Sarah : Absolument. Les jardins japonais semblent si paisibles. J'ai lu que la nature a une grande importance dans leur culture.

Alex : Oui, le respect de la nature est une valeur fondamentale. Et j'aimerais assister à un festival traditionnel. Les costumes et les danses semblent si vibrants et colorés.

Sarah : On devrait planifier ce voyage ensemble un jour. Imagine explorer les ruelles de Kyoto ou faire une randonnée dans les montagnes.

Alex : Ça sonne incroyable. Et je voudrais aussi visiter des onsens, ces sources thermales traditionnelles. Ça doit être une expérience relaxante.

Sarah : Complètement d'accord. Le Japon a tellement à offrir. En attendant, on peut toujours apprendre davantage sur sa culture ici.

Alex : Absolument. Allons manger des ramens ce week-end pour un petit avant-goût du Japon !

"Exploring Japan: Everyday Conversations"

Context: Sarah and Alex, two friends passionate about Japanese culture, discuss their fascination with Japan and share anecdotes about this unique country.

Dialogues:

Sarah: Hi Alex! I recently watched a documentary about Japan, and it really intrigued me. Have you ever been to this country?

Alex: Hi Sarah! Not yet, but it's definitely on my travel list. What intrigued you the most?

Sarah: Everything, from tradition to modernity. The ancient temples beautifully contrast with the ultra-modern districts of Tokyo. How about you? What draws you to Japan?

Alex: The cuisine, without a doubt. I'd love to taste authentic sushi and explore local dishes. And then, there's this unique balance between nature and technology.

Sarah: Absolutely. Japanese gardens seem so peaceful. I've read that nature holds great importance in their culture.

Alex: Yes, respect for nature is a fundamental value. And I'd love to attend a traditional festival. The costumes and dances seem so vibrant and colorful.

Sarah: We should plan a trip together someday. Imagine exploring the streets of Kyoto or hiking in the mountains.

Alex: That sounds amazing. And I'd also like to visit onsens, those traditional hot springs. It must be a relaxing experience.

Sarah: Completely agree. Japan has so much to offer. In the meantime, we can always learn more about its culture here.

Alex: Absolutely. Let's go for ramen this weekend for a little taste of Japan!

79 "Aventure en Plein Air : Conversations Quotidiennes sur le Camping"

Contexte : Emma et Lucas, deux amis amateurs de plein air, discutent de leur passion pour le camping et partagent des expériences mémorables de nuits sous les étoiles.

Dialogues :

Emma : Salut Lucas ! J'ai tellement envie de partir en camping ce week-end. Tu te souviens de notre dernier voyage en pleine nature ?

Lucas : Salut Emma ! Oh oui, c'était incroyable. Le feu de camp, les histoires sous la tente, l'odeur de la nature. Rien ne vaut une nuit en plein air.

Emma : Exactement. J'aime cette déconnexion totale de la vie quotidienne. Aucun écran, seulement le bruit des feuilles et le crépitement du feu.

Lucas : Et cuisiner en plein air ! Se faire des marshmallows grillés et des hot-dogs autour du feu, c'est un rituel incontournable.

Emma : Tu te rappelles quand on a fait de la randonnée jusqu'au sommet pour voir le lever du soleil ? C'était magique.

Lucas : Inoubliable. Et les étoiles cette nuit-là, on aurait dit une carte postale. Rien ne peut rivaliser avec la beauté du ciel étoilé en pleine nature.

Emma : On devrait organiser un autre voyage bientôt. Peut-être avec des amis cette fois-ci. Plus on est de fous, plus on rit.

Lucas : Excellente idée, Emma. Le camping est encore plus amusant quand on le partage. On pourrait planifier une sortie en bord de lac.

Emma : Ça sonne parfait. Et peut-être une séance de pêche relaxante. Rien de mieux que de prendre le petit déjeuner avec du poisson fraîchement pêché.

Lucas : On a tellement de bonnes idées. Allons faire les courses et préparons notre prochaine aventure en plein air.

"Outdoor Adventure: Everyday Conversations on Camping"

Context: Emma and Lucas, two outdoor enthusiasts, discuss their passion for camping and share memorable experiences of nights under the stars.

Dialogues:

Emma: Hi Lucas! I really want to go camping this weekend. Remember our last trip into the wilderness?

Lucas: Hi Emma! Oh yes, it was amazing. The campfire, stories in the tent, the smell of nature. Nothing beats a night outdoors.

Emma: Exactly. I love the complete disconnect from everyday life. No screens, just the sound of leaves and the crackling of the fire.

Lucas: And outdoor cooking! Roasting marshmallows and hot dogs by the fire is an essential ritual.

Emma: Remember when we hiked to the summit to see the sunrise? It was magical.

Lucas: Unforgettable. And the stars that night, it looked like a postcard. Nothing can compete with the beauty of the starry sky in the great outdoors.

Emma: We should plan another trip soon. Maybe with friends this time. The more, the merrier.

Lucas: Excellent idea, Emma. Camping is even more fun when shared. We could plan a lakeside outing.

Emma: Sounds perfect. And maybe a relaxing fishing session. Nothing better than having breakfast with freshly caught fish.

Lucas: We have so many great ideas. Let's go shopping and prepare for our next outdoor adventure.

80 "Conversations sur l'Hypersensibilité : Comprendre et Partager"

Contexte : Camille et Julien, deux amis proches, discutent de l'hypersensibilité, une caractéristique qu'ils partagent. La conversation explore les défis et les moments significatifs liés à cette sensibilité particulière.

Dialogues :

Camille : Salut Julien. J'ai récemment lu sur l'hypersensibilité, et ça m'a vraiment fait réfléchir. Tu te retrouves dans certaines de ces descriptions ?

Julien : Salut Camille. Absolument, je pense que je suis hypersensible. Les stimuli sensoriels intenses et les émotions profondes, ça me parle. Et toi ?

Camille : Pareil. Les petites choses, comme une musique émouvante ou un rayon de soleil, peuvent vraiment influencer ma journée. Parfois, ça peut être écrasant.

Julien : Exactement. Mais tu sais, cela vient aussi avec une capacité à percevoir et à apprécier la beauté dans les détails. Les nuances de la vie deviennent plus riches.

Camille : C'est vrai. Mais parfois, je me sens submergé(e) par les émotions des autres. C'est comme si je les absorbais.

Julien : Je comprends. C'est important de mettre en place des limites et de prendre du temps pour soi. Comment gères-tu cela au quotidien ?

Camille : J'essaie de créer des moments de calme, de méditer, et de m'entourer de personnes compréhensives. Ça fait une énorme différence.

Julien : Tu as raison. Et n'oublions pas de célébrer les côtés positifs de notre hypersensibilité. Elle contribue à notre empathie et à notre créativité.

Camille : Absolument. C'est une partie de nous, et même si c'est parfois difficile, je suis reconnaissant(e) pour cette sensibilité.

"Conversations on Sensitivity: Understanding and Sharing"

Context: Camille and Julien, two close friends, discuss hypersensitivity, a trait they both share. The conversation explores the challenges and meaningful moments related to this particular sensitivity.

Dialogues:

Camille: Hi Julien. I recently read about hypersensitivity, and it really got me thinking. Do you relate to some of these descriptions?

Julien: Hi Camille. Absolutely, I think I'm hypersensitive. Intense sensory stimuli and deep emotions resonate with me. How about you?

Camille: Same here. Small things, like moving music or a sunbeam, can really influence my day. Sometimes, it can be overwhelming.

Julien: Exactly. But you know, it also comes with an ability to perceive and appreciate beauty in details. The nuances of life become richer.

Camille: That's true. But sometimes, I feel overwhelmed by other people's emotions. It's like I absorb them.

Julien: I understand. It's important to set boundaries and take time for oneself. How do you manage it on a daily basis?

Camille: I try to create moments of calm, meditate, and surround myself with understanding people. It makes a huge difference.

Julien: You're right. And let's not forget to celebrate the positive sides of our hypersensitivity. It contributes to our empathy and creativity.

Camille: Absolutely. It's a part of us, and even though it's challenging at times, I'm grateful for this sensitivity.

CONCLUSION

Au terme de ce voyage linguistique, nous espérons que "Conversations Anglais Dialogues" a été bien plus qu'un simple livre d'apprentissage. Nous avons parcouru ensemble les rues animées des dialogues quotidiens, exploré les nuances des langues anglaise et française, et découvert la beauté de la communication interculturelle.

Chaque dialogue a été une fenêtre ouverte sur des mondes variés, des cafés chaleureux aux plages ensoleillées, des supermarchés animés aux trains qui traversent le paysage. Ces moments de conversation, réels et authentiques, ont été le tissu même de notre exploration linguistique.

Nous espérons que ces pages vous ont inspiré à parler avec confiance, à comprendre avec empathie, et à apprécier la richesse des langues que vous avez explorées. Les cultures anglophone et francophone se sont entrelacées ici, tissant une toile de compréhension mutuelle.

Rappelez-vous, la langue est un pont entre les mondes. Continuez à franchir ces ponts avec curiosité et enthousiasme. Que ces dialogues restent avec vous, gravés dans votre mémoire comme des éclats de conversations réelles.

"Conversations Anglais Dialogues" n'est pas simplement un livre, mais un compagnon de voyage qui vous a accompagné dans votre quête linguistique. Continuez à parler, à apprendre, et à célébrer la diversité des langues. Merci de vous être embarqué dans cette aventure avec nous. Bon voyage vers de nouvelles conversations et de nouvelles découvertes !

Remerciements

Je tiens à exprimer ma gratitude à tous ceux qui ont rendu ce livre possible. À l'équipe d'édition qui a soigneusement façonné chaque page de ce livre. Et surtout, à vous, chers lecteurs, pour votre intérêt et votre passion pour le lecture.

Donnez votre avis sincère sur Amazon !

Vos suggestions et critiques sont précieuses.

Elles permettent que chaque lecture soit encore plus satisfaisante !

Je vous remercie sincèrement d'avoir lu mon livre.

Je vous souhaite tout le succès que vous méritez !